이상한 나라의 심리학

이상한 나라의 심리학

힘겨운 세상에
도움이 되는
심리 테라피

김병수 지음

 인물과
사상사

머리말

고등학교 시절, 야간 자율 학습을 마치고 집에 오면 자정을 넘기기 일쑤였다. 세수하기도 양치질하기도 귀찮았지만, 아버지가 다 읽고 접어놓은 일간지를 다시 펼쳐 읽었다. 논술 시험을 준비하거나, 신문 사설로 비판적 사고를 기르려고 한 것은 아니었다. 신문 본다고 성적이 오를 거라 기대하지도 않았고, 수면 시간만 축냈으니 오히려 공부의 적이었다. 나는 그저 세상이 궁금했다. 눈앞에 닥친 대학 입시에는 전혀 도움 안 되는 해외 토픽과 가십 기사들이 만화나 영화보다 훨씬 재미있었다. 뉴스라는 창으로 세상을 내다보았다. 보고 싶었지만 볼 수 없는 것들을 보여주었고 들을 수 없는 이야기들을 들려주었으니, 나에게 종이 신문은 스마트폰처럼 가상현실을 구현해주는 도구였다.

뉴스는 독자의 마음에 가상의 세계를 구축한다. 현재를 보여주는 것을 훌쩍 뛰어넘는다. 무미건조한 활자로 상상력을 자극한다. 뉴스가 들려준 이야기로 각자 나름의 세상에 관한 이미지를 마음속에 지어나간다. 같은 뉴스를 듣지만, 우리는 각자 다른 세계를 사는 것이다. 우리는 현실이 아닌, 뉴스가 마음에 지어놓은 시공간 속에서 살게 된다.

뉴스가 공들여 지어놓은 세계 이미지에서도 인생 교훈을 찾을 수 있다. 성경이나 불경을 읽지 않더라도 활자가 지어놓은 뉴스의 세계를 꼼꼼히 읽어내면, 그 속에서 지혜를 발견하게 된다. 지금껏 그렇게 하지 않았다면, 이제부터라도 그렇게 해야 한다. 따지고 보면, 우리가 가장 자주 접하는 세상 이야기는 언제나 뉴스에서 나오는데, 그것을 그저 흘려버리면 안 된다. 뭐라도 길어 올려 건져내야 한다. 그것을 내 삶의 자양분으로 소화해낼 수 있다면, 거친 세상을 사는 데 분명 도움이 될 거다.

어지러운 세상에서 마음의 평화를 찾는 것은, 태풍 불 때 외줄 타기를 하는 것과 비슷하다. 세상 풍경은 내면 풍경도 바꿔놓는다. 사회가 오염되면 마음도 병든다. 인간이 겪어야만 하는 정신적 고통은 외부의 질서와 내면의 성상性狀이 충돌해서 생긴다. 자기 마음을 아무리 잘 챙겨도, 정신 건강이 담보되지 않는 이유다. 혼란한 세상에서 우리 마음이 어떻게 작동하는지 제대로 이해하는 데 조금이나마 도움이 되길 바라며 이 책을 썼다. 힘겨운 세상에서 마음 다치지 않고, 자기를 지키는 데 작은 힘이라도 보태고 싶었다.

무엇이 옳고 그른지, 어디다 돈을 써야 제대로 썼다는 이야기를 듣게 되는지, 고통에서 벗어나려면 어떻게 해야 하는지, 제대로 된 삶이란 어떤 것인지 뉴스가 알려줄 것이라 기대했다. 무작위로 부유하는 정보의 편린들을 연결 짓는 원리를 뉴스가 가르쳐줄 것이라고 믿었다. 눈에 보이지 않지만 우리의 감정과 생각과 행동을 지배하는 세상의 질서를 뉴스 속에서 찾고 싶었다. 시공간을 관통해서 사람들에게 보편적으로 존재하는 본성을 확인하고 싶었다. 뉴스가 의도했던 것과는 아무런 상관없고, 기사를 쓴 이도 알지 못했던 교훈이 미디어가 전하는 말들 속에 숨겨져 있을 거라 기대했다. 그것을 찾고 싶었다.

2019년 5월 서초동 작은 의원에서

김병수

part3 이 어지러운 세상에서 살아가려면

part4 아침부터 저녁까지, 내 주변의 심리학

part1

솔직히, 돈은 중요하다

돈으로 행복을 사다

"돈으로 행복을 살 수 있을까?" 진부하지만 여전히 궁금증을 자극하는 질문이다. 우리는 흔히 "돈이 중요한 게 아니야, 자신의 삶에 만족하며 사는 게 행복의 지름길이지"라고 한다. 무소유까지는 아니라도 버리고 비워야 행복할 수 있다며 "물질보다 마음을 챙겨야 한다"고 외친다. 하지만 이렇게 말하는 사람의 속내도 진짜 그럴지 의심스럽다.

"행복하려면 돈이 많아야지!"라고 쿨하게 인정하는 것이 낫지 않을까? 오히려 이것이 더 옳은 말 아닐까? 복권에 당첨되면 불행의 나락으로 떨어진다고 알려졌지만, 꼭 그렇지만도 않다. 영국에서 시행한 연구를 보면 1,000~12만 파운드(약 145만~1억 7,500만 원) 사이의 복권에 당첨된 사람은 돈을 하나도 못 따거나 그보다 적은 금액을 딴 사람보다 2년 후 정신적 웰빙 수준이 유의미하게 높았다.[1] 복권이 가져다준 부로 새롭고 다양한 삶의 기회를 얻게 되어 이전보다 행복해졌다는 것이다. 벼락부자가 되어도 행복 수준은 오래 지속되지 않고, 불행의 나락으로 떨어지기도 하지만, 꼭 그렇다고 단정할 수는 없다. 그렇다고 '돈, 돈, 돈' 하며 물질을 추구해야 행복해질 수 있다는 뜻은 아니다. 돈만 있으면 행복해진다는 단정도 아니다. 당연한 이야기지만, 궁핍한 것보다는 어느 정도 부유할 때 행복할 가능성도 크다는 것을 말하고 싶은 것이다.

국가 간 비교를 해보면 부와 행복 사이의 관계가 조금 더 분명하게 보인다. 부자 나라 국민이 대체로 더 행복하다. 부탄이 행복지수 1위라고 하지만, 모든 조사에서 그런 결과가 나오는 것은 아니다. 갤럽이 156개국을 대상으로 발표한 2014~2016년 행복 순위에 따르면 1위부터 5위는 노르웨이, 덴마크, 아이슬란드, 스위스, 핀란드였다.[2] 이들 국가는 비교적 부유하고, 평화롭고, 자유로운 나라다. 미국은 세계에서 가장 부유한 나라지만 행복 순위는 1위가 아니었다. 그래도 14위에 들었다. 반대로 가장 행복하지 않은 나라는 대부분 가난한 아프리카 국가가 차지했다. 꼭 그런 것은 아니라도, 잘사는 나라일수록 국민이 행복하고, 못사는 나라 국민일수록 불행할 가능성이 크다.

개인과 가계의 연 소득과 행복의 상관관계를 조사한 연구를 보아도 같은 결론에 이른다. 노벨 경제학상을 수상한 프린스턴 대학의 대니얼 카너먼Daniel Kahneman 교수가 미국 거주자 45만 명을 대상으로 조사했는데, 연 소득이 높을수록 삶의 만족도와 정서적 웰빙 수준도 높아졌다.[3] 다만 수입과 행복의 비례는 연 소득 7만 5,000달러까지만 유효했다. 그 이상으로 수입이 늘어도 행복 수준은 높아지지 않았다. 이 연구는 2012년에 발표된 것이니, 물가 상승률을 고려하면 지금은 행복의 임계점에 도달하는 연 소득이 7만 5,000달러보다 높아졌을 것이다. 대략 연봉 1억 원이 될 때까지는 소득이 늘어날수록 행복 수준도 높아진다는 이야기다. 이것은 우리나라도 마찬가지다.

10일 한국노동연구원이 최근 발간한 경제·인문사회연구

회 합동연구총서 『일과 행복(Ⅱ)』을 보면 한국에서는 가구 총소득이 연 1억 800만 원이 될 때까지는 행복도가 높아졌다. 하지만 이를 넘어서면 시간당 임금과 가구 소득이 더 오르더라도 행복도가 정체되는 '이스털린의 역설'이 감지됐다. '이스털린의 역설'이란 소득이 일정 수준을 넘어 기본 욕구가 충족되면 소득이 증가해도 행복은 더 이상 증가하지 않는다는 이론이다.⁴

이 기사가 이스털린의 역설easterlin paradox을 강조하는 것처럼 보이지만, 엄연한 사실은 우리나라에서도 연 가계소득이 1억원이 될 때까지는 소득과 행복 수준이 비례한다는 것이다. 돈은 사람을 행복하게 해주는 최고의 수단이다. 놀랄 것 없다. 사실이니까. 돈은 삶의 질에 결정적인 영향을 미치는 요소들(의식주, 교육, 의료)을 튼튼하게 받쳐준다. 돈이 사회적 지위와 존중을 이끌어내기도 한다. 돈이 많으면 위험을 감수하고 새로운 도전을 하기도 쉽다. 실패해도 삶이 완전히 무너지지 않기 때문이다. 삶을 즐기려면 돈이 든다. 돈 없이도 행복을 추구할 수 있지만 돈이 많으면 더 다양한 방식으로 자기 취향대로 즐기며살 수 있다. 은퇴 후의 행복도 개인의 재정 상태에 영향을 크게 받는다. 가난해도 마음만 부자면 된다고들 하지만, 노후에는 경제적으로 여유 있는 사람이 더 행복하다고 느낀다. 이게 사실이다.

돈이 인간을 행복하게 만드는 근원적인 이유는, 돈이 "삶을 통제할 수 있다"는 믿음을 심어주기 때문이다. 돈은 자기 결정권을 뒷받침해준다. 스트레스의 본질은 삶에 대한 통제권이 내게 없다고 느끼는 데에서 온다. 불행하다고 느끼는 사람은 스스로 결정할 수 있는 것이 아무것도 없다고 느낀다. 힘들어도 스트레스를 덜 받고 만족하며 사는 사람은 '내 삶을 스스로 결정할 수 있다'는 믿음이 있다. 돈이 스트레스를 줄이고 행복 수준을 올려주는 것은 통제 소재와 자기 결정권을 지켜주기 때문이다.

돈과 행복의 관계에서 돈의 더 중요한 역할은, 위기에서 개인을 보호해준다는 데 있다. 돈이 불행을 막아주지는 못해도 불행이 닥쳤을 때 돈이 충분하면 견디기 쉽다. 불운이 찾아왔을 때 불행의 나락으로 떨어지지 않게 지켜주는 버팀목이 되어준다는 것이 돈의 중요한 역할이다.

"예전에 집을 사느라 대출한 부채도 있고, 제가 만약 어느 날 잘못된다면 그 순간 바로 우리 가정은 풍비박산 나는 겁니다. 저뿐 아니라 도시의 각 가정마다 삶이라는 게 어느 날 그 집 가장의 신상에 변화가 있으면 가정도 바로 그날 그 소용돌이 속으로 들어간다는 거지요."……그런 그들에게 평소의 소원이든 지금 당장 바라는 바를 말해보라고 하자, 첫마디에 그냥 돈이 많았으면 좋겠다고 했다. 얼마큼요? 하고 물었을 때 각기 달랐지만 어쨌거나 그들은 돈만 많으면 그 즉시로 지금 가슴에 안고 있는 모든 근심과 걱정, 불안을 떨쳐내고 바로 행복해질 수 있는 사람들 같았다.[5]

2017년 '행복한 서울 만들기'라는 학술 세미나에 토론자로 참석했다. 같이 참석했던 서울 모 대학교의 심리학과 교수 한 분은 자신이 수행한 연구 결과를 토대로 "객관적 소득 수준은 행복을 예측하지 못하고 재정 상태에 대한 주관적 만족도가 행복을 결정한다"라고 발표했다. 하지만 나는 그의 주장에 동의할 수 없었다.

연구 방법론이나 해석에 대한 이견은 차치하고, 임상 경험에 근거하면 경제적 요인이 개인의 삶과 행복에 절대적 영향을 미친다는 것을 부인할 수 없다. 안타까운 말이지만, 경제적으로 여유가 있으면 더 좋은 의료 혜택을 받을 수 있고 가족의 지지도 훨씬 용이하게 이끌어낼 수 있다. 치료 예후도 좋다. 우울증이 생겨서 일을 쉬어야 하는데, 일을 그만두면 당장 가족의 생계가 곤란해진다면 정신적 고통에 생활고까지 겹쳐서 증상은 악화되고 예후는 나빠진다. 경제 사다리의 아래에 있는 사람일수록 인생에 뜻하지 않은 불운이 닥쳤을 때 비참해질 가능성이 클 수밖에 없다. 서울대학교 의대 재학 중에 학생운동에 빠져 있었던 정신과 의사 선배 한 분은 내게 이렇게 말했다. "가난이 질병이다."

부부 싸움을 하고 자녀 교육 문제로 스트레스를 받아도 경제적으로 여유가 있으면 정서적 고통이 덜하다. 쇼핑이나 여행으로 마음을 달랠 수 있기 때문이다. 집세 내고 세금 내고 교육비 내고 났더니 삶을 즐길만한 돈은 남지 않았다면, 스트레스를 풀기 어려운 것이 현실이다. 돈 안 드는 스트레스 해소법을 찾으면 되는 것 아니냐고 할 수도 있지만 인스타그램만 보아도 스트레스 풀고 힐링하려고 해외여행 다녀오고 맛있는 것 먹고 쇼핑한 것 자랑하는 사진이 넘쳐나는데, 돈 안 드는 산책만 하면서 "나도 행복해요!"라고 말할 만큼 멘탈이 강한 사람, 그리 많지 않다.

직장에서 스트레스 받아도, 재산이라도 좀 모아두었으면 '까짓 때려치우고 내 일이나 해보자'고 마음먹을 수 있으니 심리적으로 여유가 생긴다. 돈이 실직 공포를 막아주는 것은 아니지만, 스트레스는 덜 받게 해준다. 위기에서 버틸 수 있게 해주는 것도 어쩌면 사람보다 돈이다. 다른 사람의 위로가 정신적으로 도움이 되는 것은 맞지만, 일상을 유지할 수 있게 해주는 것은 돈이다.

앞에서 언급한 카너먼 교수의 연구에서도 소득 수준이 낮은 사람은 삶의 위기가 닥쳤을 때 소득 수준이 높은 사람에 비해 더 쉽게 불행해진다는 것을 확인할 수 있다. 소득 수준이 낮으면 이혼·질병·외로움에서 오는 정서적 고통은 배가 된다. 이혼 후에 고통받느냐, 아니냐도 소득 수준에 따라 다르다. 한 달 수입이 1,000달러(약 110만 원) 이하면, 이혼 후에 슬픔과 스트레스에 시달릴 확률이 50퍼센트다. 하지만 한 달 수입이 3,000달러(약 330만 원) 이상이면, 정서적 괴로움에 빠질 가능성은 25퍼센트라고 한다. 이혼하고 나서 행복할지 불행할지도, 돈이 결정한다.

평범한 직장인, 최저 시급을 받으며 아르바이트하는 학생, 생활고에 시달리는 사람은 소득이 오르는 만큼 행복도 확실히 커진다. 백만장자에게 한 달에 고작 몇십만 원 더 준다고 행복을 느끼지 않지만, 매월 월세 걱정하는 사람에게 이 돈은 그만큼의 행복을 가져다준다. 국가의 복지도 마찬가지다. 소득과 무관하게 일률적으로 지원하는 것보다, 경제 수준이 낮은 사람에게 더 많은 혜택이 돌아가도록 해야 공동체의 행복이 높아진다.

브리티시컬럼비아대학 연구팀은 2010년 영국인 1만 2,000명을 대상으로 수입과 행복의 관계에 대한 연구를 했다. 이 결과에 따르면 부의 총량이 늘어도 행복도가 높아지는 것은 아니지만, 슬픔은 확실히 줄어든다고 했다.[6] 연구팀은 "돈은 행복을 얻기 위한 도구라기보다는 슬픔을 줄이는 데 유용한 도구일 것"이라고 주장했다. 돈이 삶에서 겪게 되는 곤란한 상황들을 처리하는 데 쓰이기 때문이다. 세금을 꼬박꼬박 내고, 제때 월세를 내고, 관리비와 교통비를 쉽게 낼 수 있다고 해서 더 행복해진다는 보장은 없지만, 적어도 이런 일을 편하게 처리할 수 있다면 스트레스는 확실히 줄어든다. 돈으로 행복을 살 수는 없어도, 불쾌한 감정을 덜 느끼도록 막아주는 역할은 제대로 한다고 연구팀은 결론지었다.

왜 하필 지금 김생민일까. 그의 '짠테크'도 이미 10여 년 전부터 알려진 사실인데 말이다. 지난해 말부터 주목받는 트렌드는 '욜로You Only Live Once(한 번뿐인 인생)'였다. 미래의 행복을 위해 현재의 행복을 희생하는 대신 당장 오늘의 삶과 행복에 충실하자는 뜻이다.……올해 상반기 욜로와 함께 주목받았던 신조어가 '시발비용'과 '탕진잼'이었던 것도 이를 잘 보여준다. 이 같은 상황에서 김생민이 외치는 '스튜핏'은 소비 행위로만 욜로를 행하라는 변질된 욜로에 대한 일종의 경고라는 분석이다.[7]

2018년 4월 과거 성추행 의혹으로 활동을 접기 전까지 〈김생민의 영수증〉은 굉장한 인기를 누렸다. 2017년 김생민이 주목받은 이유가 단순히 '짠테크' 비법 때문만은 아니다. 아껴 쓰고 저축하는 이가 어디 김생민뿐이었을까? 김생민이 돈을 차곡 차곡 모아 잘사는 모습을 실증적으로 보여주었기 때문만도 아니다. 세상에는 김생민보다 극적으로 인생 역전을 이룬 사람이 차고 넘친다. 2017년에 '짠테크'가 히트를 친 진짜 이유는, 불안한 미래에 돈이라도 붙들고 있어야 안심할 수 있다는 대중 심리와 맞물렸기 때문이다.

세상이 혼란스러우면 위험에 대비하려는 절박감이 커진다. 우리나라처럼 예측 가능성이 떨어지고, 사건 사고가 끊이지 않는 나라에 살려면, 위험 대비가 필수다. 행복보다 위기 상황을 버티는 것이 중요해진다. 행복도 좋지만 불행해지지 않으려면 악착같이 "그레잇great"을 외쳐야 한다는 것을 모두 뼈저리게 느끼고 있던 차에, 김생민이 '짜잔' 하고 나타난 것이다. 불운이 닥치면 나락으로 떨어질 것이라는 절박함을 김생민의 "그레잇"이 파고든 것이다.

갑작스럽게 트라우마를 겪고, 중병에 걸리고, 가족을 잃고 혼자가 되었을 때 돈만큼 확실하게 나를 보호해줄 수 있는 것이 없는 세상에 우리는 살고 있지 않은가? 친구도 가족도 국가도 나를 지켜주지 못한다면 돈이라도 붙들고 있어야 할 것 아닌가? 아무리 사랑하는 가족이 있어도 그들에게 의지하기 어려워진 세상에 돈만큼 든든한 것이 어디 있으랴. 1인 가구로 혼

자 살고 있다면 돈은 버팀목이다. 국가가 개인을 보호해준다는
믿음이 사라진 세상에서 나를 지키는 최고의 방법은 저축이다.
사람들이 "그레잇"을 외칠 때마다 씁쓸한 기분이 들었다.

나답게 돈 쓰며 살기

2018년 초 작은 의원을 개업했다. 미국 듀크대학에서 MBA를 따고 온 정신과 선배가 큰 화환을 개업 선물로 보냈는데, 거기에 "대박 나세요"라고 적혀 있었다. 선배다운 글귀라고 생각했다. 저녁 무렵 오랜만에 인사도 할 겸 통화를 했다. 선배는 나에게 이런 충고를 했다. "처음에는 과감하게 돈을 써. 홍보에도 돈을 써봐야 어느 게 통하고 안 통하는지 노하우가 쌓여. 돈 쓰는 거 두려워하지 말고 처음에는 팍팍 써야 해." 거친 말처럼 들렸지만, 그가 하고 싶은 말의 숨은 뜻을 알기에 새겨들었다. 당장 얼마나 벌고, 얼마를 쓰느냐보다 그 과정에서 비즈니스가 어떻게 작동하는지 경험으로 배우라는 뜻이었다. 그래야 나중에 효과적으로 일을 꾸려나갈 수 있다고 했다. 정신과 전문의가 된 후 미국으로 날아가 MBA까지 마치고 온 선배가 하는 조언답다고 생각했다.

막상 선배의 조언을 실천에 옮기려니 주저하게 되었다. '본질적이지 않은 것에 돈을 쓰는 것은 아까워. 내가 할 수 있는 일, 해야만 하는 일에 최선을 다하면 되지 않을까? 한 명 한 명 최선을 다해서 진료해주면 되지 뭐가 더 필요해!'라는 생각이 자꾸 들었다. '광고에 돈을 쓰는 것은 겉치레나 허세가 아닐까?'라고 생각하며 홍보에는 돈 한 푼 쓰지 않고 버티는 나를 정당화했다. 나같이 푼돈에도 조마조마해 하는 사람이 '비즈니스가 어떻게 작동하는지 알아야 한다'는 선배의 조언을 따라 큰돈을 팍팍 쓰게 될 가능성은 거의 없다. '그래서 소심한 나는 작은 의원의 원장을 하는 거고, 그 선배는 큰 병원을 운영하는 거겠지'라고 생각했다.

만약 여유 자금이 있다면 홍보보다는 나를 찾아온 환자들이 조금 더 편안하게 머물 수 있도록 근사한 소파를 들여놓을 생각이다. 바이럴 마케팅에 돈을 쓸 바에는 멋진 그림을 사서 진료실에 걸어놓을 것이다. 이렇게 돈을 써야 내 마음이 편할 것이다. 어디 비즈니스만 그러랴. 똑같은 돈이 있어도 자기 성향에 맞게 써야 기분이 좋아진다. 돈을 아무리 많이 써도, 자기 성향에 맞지 않은 곳에 쓰면 행복감은 높아지지 않는다.

비싼 돈을 들여 해외여행을 떠나는 것보다는 자주, 가까이에 있는 동네 맛집이나 핫플레이스에 방문하는 것, 많은 비용이나 시간을 들이지 않고 즉각적으로 행복함을 느끼는 것이 소확행의 핵심이다. 그런데 소확행을 실천하는 것과는 정반대로 비트코인 같은 가상화폐에 몰두했다가 낭패를 본 20~30대의 분노가 소셜미디어를 통해 도배되고 있다. "한 학기 등록금을 날려 휴학해야겠다"든지, "전세금을 투자했다 마이너스 50퍼센트가 넘어 집에서 쫓겨나게 생겼다"는 글이 줄을 잇고 있는 것. 심지어 투자 실패에 대한 분노를 표출하기 위해 일부러 컴퓨터, 욕실, 각종 세간살이를 손과 망치 등으로 부수며 인증샷까지 올리는 네티즌들도 있다……안타깝지만 자신이 내린 결정은 결국 본인이 책임져야 하는 것이다.[1]

앞에서 돈과 행복의 관계를 이야기하면서, 연봉이 일정한 수준에 오를 때까지는 소득과 행복은 비례한다는 이야기를 했다. 소득과 행복이 관계없다는 말은 진실이 아니고 그렇다고 소득이 행복을 완전히 보장해주는 것도 아니다. 소득뿐 아니라 가진 돈을 어떻게 소비하는지도 개인의 행복에 영향을 미친다. 금전적으로 여유가 있어서 원하는 곳에 돈을 팍팍 써도 행복하지 못한 것은, 돈이 많고 적은 문제가 아니라 자신의 기질과 성향을 고려하지 않고 돈을 썼기 때문이다. 나를 제대로 알고 돈을 쓰면, 똑같은 돈으로도 더 큰 행복을 살 수 있다.

돈으로 행복을 사는 일반적인 원칙은 다음과 같다. 첫째, 물건보다 경험을 사면 행복해진다.[2] 몇백만 원으로 명품 가방을 사면 잠시 행복해지지만 두고두고 추억에 새겨질 여행을 하면 그 만족감은 훨씬 오래간다. 둘째, 남을 위해 돈을 써야 더 행복하다.[3] 나를 위한 선물을 사도 기분이 좋아지지만 기부를 하면 같은 돈으로 더 큰 만족을 얻는다. 셋째, 같은 돈으로 작은 것을 여러 번 사는 것이 낫다.[4] 목돈으로 명품 가방을 하나 사놓고 모셔두는 것보다, 소소한 것을 여러 번 쇼핑하면 '소확행'을 느낄 수 있다.

행복해지는 소비 원칙을 따른다고 행복이 보장되는 것은 아니다. 어떤 사람은 여행을 가는 것보다 그 돈으로 구두를 사는 것이 행복하다. 항상 남에게 돈을 쓰면 호구가 된다. 돈을 버느라 고생한 자기에게 선물도 해야 한다. 소확행도 좋지만, 큰돈 주고 성능 좋은 컴퓨터를 사고 나서 만족하는 이도 많다. 소비와 행복에 대한 일반론 말고, 그 사이에 또 다른 비밀이 있다는 것도 알아야 한다. '내 기질에 맞추어 소비하라'가 바로 그것이다. 성격에 맞는 소비가 중요하다.

케임브리지대학 심리학과 샌드라 매츠Sandra Matz와 비즈니스스쿨의 조 글래드스턴Joe Gladstone, 데이비드 스틸웰David Stillwell 등은 영국인 15만 명의 동의를 얻어서 2014년 한 해 동안 7만 6,000건의 은행 거래 기록을 조사했다.[5] 연구팀은 개인의 성격에 따라 만족감을 더 크게 느끼는 소비 행동이 무엇인지 확인하고자 했다. 연구 결과를 보면 외향적인 사람은 내향적인 사람에 비해 펍에서 매년 52파운드(약 8만 원)를 더 쓰는 것으로 나타났다. 성격 검사에서 성실성 점수가 높은 사람(상위 16퍼센트 이내에 속하는 경우)은 이 점수가 낮은 사람(하위 16퍼센트에 속하는 경우)에 비해 신체 건강을 위해(피트니스 센터 등록비나 운동에 드는 비용과 같은) 매년 124파운드(약 18만 원)를 더 지출했다. 펍에서 돈을 쓰고, 모터스포츠를 즐기는 데 돈을 많이 쓰는 사람 중에는 외향적 기질의 소유자가 유의미하게 많았다.

연구자들은 소비가 삶의 만족도에 미치는 영향이 성격이 따라 어떻게 달라지는지 후속 연구를 했다. 피험자에게 서점 또는 펍에서 사용할 수 있는 바우처를 나누어주었다. 성격 검사에서 외향성이 높다고 판정된 사람이 펍에서 사용할 수 있는 바우처를 받기도 했고, 서점에서 쓸 수 있는 바우처를 받기도 했다. 내향성 기질의 피험자도 마찬가지로 펍에서 사용할 수 있는 바우처나 서점에서 쓸 수 있는 바우처를 받았다. 바우처를 쓰기 전후의 정서 상태를 측정해서, 소비로 인해 행복감이 어떻게 변하는지 조사했다.

결과는 예측대로였다. 성격에 따라 만족감을 느끼는 소비 패턴이 달랐다. 내향적인 사람은 펍에서 돈을 쓰는 것보다 서점에서 책을 샀을 때 행복하다고 느꼈다. 외향적인 사람은 펍에서 돈을 썼을 때 더 행복하다고 느꼈다. 성격에 따라 만족감을 느끼는 소비 패턴이 달라지는 경향은 내향적인 기질에서 더 도드라지게 나타났다. 외향적인 사람은 다른 사람들과 시끌벅적하게 어울리는 데 돈을 써야 만족하고, 내향적인 사람은 조용히 책을 고르고 샀을 때 더 만족한다. 사회적 교류에 돈을 쓸 것인지, 개인적 경험을 돈으로 살 것인지는, 자기 기질에 맞추어 결정해야 한다는 것이다.

돈을 써도 행복하지 않다면, 제대로 쓰지 않아서 그런 것이다. 자기 성격에 맞게 돈을 써야 행복해진다. 자기 기질과 어울리는 삶을 사는 데 돈을 쓰는 것이 중요하다.

다시 나에게 물었다. "나는 돈을 벌기 위해서 일하는가?" 물론 그것도 있다. "그러면 대박이 나서 부자가 되려고 개업을 했나?" 그렇지는 않았다. 개업을 축하하며 보내온 "대박 나라"는 문자메시지가 응원처럼 들리지 않았다. 물론 적자를 보고 싶지는 않다. 경제적으로 윤택해졌으면 좋겠다. 물론 대박 날 자신도 없지만, 그보다는 개업의 목표가 '대박'은 아니었기 때문이다. 나는 나답게 일해서 돈을 벌고 싶다. 그렇게 번 돈으로 나에게 어울리는 삶을 살고 싶은 것이 진짜 목표다. 내가 일 하는 동기는 수익 극대화가 아니라 사람들이 위안을 되찾고 그래서 조금 더 따뜻한 세상이 되는 데 일조하는 것이다. 투자를 한다면 이런 가치에 맞는 영역에 돈을 써야 행복해질 것이다. 이렇게 쓰고 보니 너무 거창한 이야기가 되어버렸다. 뭐, 내 마음이 그렇다는 거다. 이런 마음이 변하지 않아야 할 텐데……

등록금과 정신 건강

우울증, 공황장애, 조현병뿐 아니라 직장인 왕따, 황혼 이혼, 명문대생 자살 같은 문제가 화제가 되면 기자들에게 "요즘 그런 사람들이 정신과에 많이 찾아옵니까?"라는 질문을 받는다. 어떤 기자는 "이전에 비해 몇 퍼센트 늘었나요? 200퍼센트, 300퍼센트 정도 늘었나요?"라며 정확한 수치까지 알고 싶어 한다. 화제가 되었다고 해서 정신과 진료를 받으러오는 사람이 급격히 늘어나지는 않는다. 그래도 유행을 타기는 한다. 명절 전에는 정신과를 찾는 여성이 많아진다. 연예인이 텔레비전에 나와 공황장애 치료를 받고 있다고 하면, 그 증상을 호소하며 병원을 찾는 사람도 덩달아 많아진다.

요즘은 공식 진단 명칭도 아닌데, 스스로 진단하듯 "우리 남편이 분노조절장애 같아요", "나는 결정장애가 있어요", "번아웃 되었어요"라고 말하는 사람도 늘었다. 인터넷 포털사이트에 무슨 큰 사건이라도 난 것처럼 '분노조절장애', '결정장애', '번아웃 신드롬'이 검색어 순위를 차지해서 그런 것 같다. 세상을 달구는 이야기가 "우리의 현실 감각에 영향을 미치고 (어떤 초자연적 연관성도 없는데) 우리의 마음을 들었다 났다 하는 능력"이 있다는 것을 확인하게 된다.[1]

2016년 6월, 브렉시트가 결정되자 영국이 뉴스를 점령했다. 영국 여론은 반반으로 갈라져서 오래도록 결정을 내리지 못하고 있지만, 양 진영 모두 궁극적으로 원하는 것은 똑같지 않을까? 지금보다 경제적으로 나아지는 것 말이다. 유럽연합 탈퇴를 원하든 그렇지 않든 원하는 것은 매한가지다. 더 잘살게 해 달라는 것이다. 결국은 돈 문제다.

영국 관련 뉴스를 보다가 『가디언The Guardian』에 실린 영국 대학의 등록금 인상과 대학생 정신 건강에 대한 기사가 생각났다.[2] 2014~2015년에 우울증과 불안증으로 상담을 받은 대학생이 4만 3,000명이었다고 한다. 케임브리지대학, 옥스퍼드대학 등이 포함된 소위 '영국의 아이비리그'라고 불리는 러셀 그룹russell group에 속한 24개 대학교의 재학생을 대상으로 한 결과였다. 2011~2012년에는 3만 4,000명이었던 것과 비교하면 28퍼센트 증가한 수치라고 한다. 에든버러대학은 같은 기간 동안 심리 상담을 받은 학생 수가 75퍼센트로 급증했다. 카디프대학은 72퍼센트, 옥스퍼드대학도 43퍼센트 증가했다고 보도했다.

상담 서비스를 받은 대학생 숫자가 2~3년 사이에 급증한 원인에 대해 『가디언』이 언급한 이야기가 눈길을 끌었다. 기사 제목만 보아도 그 내용을 짐작할 수 있는데 "등록금 때문에 학생들의 심리 상담이 급증했다tuition fees have led to surge in students seeking counselling"였다. 상담을 받은 학생이 갑자기 늘어난 시점과 이들 대학의 등록금이 9,000파운드(약 1,300만 원)를 넘어서는 시점이 일치하므로 등록금 부담이 커지면서 심리 상담을 요청한 학생의 숫자도 늘어난 것이라고 분석했다. 『가디언』은 전문가의 말을 인용해서, 전례 없이 늘어난 학비와 학자금 대출로 인한 빚, 취업에 대한 불확실성이 대학생들을 상담실로 몰아간 것이라고 보도했다. 영국의 브렉시트도, 대학생의 정신 건강 문제도 모두 돈이 문제라는 것이다.

물론, 다른 원인도 생각해보아야 한다. 정신 건강 상담을 받는 것에 대한 부정적 인식이 없어지면서 서비스 이용이 늘어났을 수도 있지만, 그럴 가능성은 낮다고 분석했다. 같은 기간 일반인의 정신 건강 서비스 이용률은 조사 대상 학생과 비교했을 때 큰 폭으로 증가하지 않았기 때문이다. 영국 일반인은 2013~2014년에 170만 명이 정신 건강 서비스를 이용했는데, 2014~2015년에는 185만 명으로 8.8퍼센트밖에 증가하지 않았다. 2015년 유독 대학생의 심리 상담 이용률이 급등한 이유가 정신 건강에 대한 대중 인식이 긍정적으로 변화되었기 때문이라고 볼 수는 없다.

또 다른 가능성으로는, 러셀 그룹에 속한 대학교들이 재학생들의 정신 건강을 더 많이 신경 쓰기 때문이라고 분석해볼 수 있다. 러셀 그룹 관계자는 이들 대학교가 학생 정신 건강 서비스에 재원을 많이 투입하고 있으며, 교내 심리 지원 시스템이 잘 갖추어져 있기 때문에 이를 이용하는 학생도 많아질 수밖에 없다는 주장을 내놓았다. 이들의 주장처럼 시스템이 좋으니 이용률이 높아졌을 수도 있지만, 돈이나 취직 문제로 괴로워할 필요가 없다면 상담받을 이유도 줄어든다. 물론 연애나 진로 고민에 대한 상담 수요도 있지만, 이런 상담 주제는 어제오

늘 문제가 아니니, 2015년에만 상담이 급등할 이유가 되지 못한다. 학생 복지 서비스를 늘렸기 때문에 상담 수요가 많아졌다는 해석은 대학 관계자들이나 듣기 좋은 소리다.

비싼 등록금이 대학생 정신 건강에 악영향을 미친다는 것은 누구도 부인할 수 없는 사실이다. 학자금 대출로 많은 빚을 진 학생은 심리적으로 더 취약할 수밖에 없다. 부모가 경제적 여유가 있다고 해도 비싼 등록금으로 인한 정신적 부담에서 자유로울 수는 없다. 입학에서 졸업까지 들어가는 학비가 우리나라 대학생은 1억 원 정도라고 알려져 있는데, 졸업해도 취직이 안 된다면 자신이 힘든 것은 두말할 나위도 없고, 그 비싼 학비를 내주는 부모님께 죄송해서 괴로울 수밖에 없다.

2015년 의학 저널 『랜싯Lancet』에 실업이 자살에 미치는 영향에 관한 연구 결과가 실렸다.[3] 63개국에서 조사한 결과에 따르면, 실직으로 인한 자살은 연간 4만 명에 이른다. 2000년에서 2011년 사이에 실직으로 인한 자살 위험도가 20~30퍼센트 높아졌다. 금융 위기가 있었던 2008년을 전후로 보면, 2007년에는 실업과 관련된 자살자가 4만 1,148명이었는데 2009년에는 4만 6,131명으로 늘었다. 금융 위기가 불러온 실업 사태로 4,983명이 더 죽은 것이다.

물론 취직이 안 된다고 다 자살하는 것은 아니다. 하지만 상당수의 대학생이 잠재적 실업자라면, 그들은 매일매일 한 걸음씩 다가오는 죽음을 느끼며 산다고 해도 과언이 아니다. 대학생들은 취업 그 자체에 대한 불안뿐만 아니라, 무의식적으로 죽음에 대한 공포까지 끌어안고 있다고 해도 과언이 아니다.

등록금이 비싸도 대학 교육이 돈값을 한다면 욕할 일은 아니다. 하지만 대학이 사회적 죽음을 일시적으로 유예하는 한시적인 공간일 뿐이라면, 도대체 그 많은 돈을 들여서 그곳에 머물러야 할 이유를 어디에서 찾아야 할까? 물론 취업이 대학 교육의 궁극적인 목표가 될 수는 없다. 하지만 그 비싼 돈을 들이고도 졸업 후에 생존 위협을 느끼며 살아야 한다면, 고차원적인 대학 교육의 숭고한 목표 따위를 들먹이는 것이 무슨 의미가 있겠는가.

영국 대학생 중 정신 건강 문제를 겪는 비율은 78퍼센트라고 한다. 한국 대학생 10명 중 5명은 우울 증상을 경험하고, 10명 중 3명은 자살을 생각한 적이 있는 것으로 알려져 있다.[4] 한국 대학도 교내 상담 센터를 운영하고, 정신과 의사가 상주하며 진료하는 곳도 있다. 대학이 정신 건강 문제에 적극적으로 대처하게 된 진짜 이유 중 하나는 잊을 만하면 생기는 학생 자살 문제 때문이다(적어도 내가 보기에는 그렇다). 대학이 학생 복지 향상에 선제적으로 나섰기 때문이 아니라, 명문대생이 자살하고 그 소식이 뉴스를 타고 사람들 입에 오르내리자 그제야 학생의 정신 건강을 챙기고 나선 것이다. 우리나라의 모든 시스템이 그렇듯이 정신 건강 서비스가 확대된 것도, 정신 건강 문제가 악화된 그다음부터다.

상담을 더 많이 해준다고 풀릴 문제가 아니다. 상담사나 정신과 의사가 해결해줄 수 있는 문제가 아니다. 평소에 일면식도 없고, 자신의 삶을 잘 알지 못하는 상담사와 상담실에 마주 앉아 이야기한다고 돈 문제, 취업 문제는 사라지지 않는다. 상담하면서 일시적 위로라도 받겠다면, 도움이 될 수는 있다. 하지만 비싼 등록금으로 스트레스를 잔뜩 끌어올려놓고, 그런 뒤에 학생들의 정신 건강을 지원하겠다고 나서는 것은 병 주고 약 주는 것이나 마찬가지다.

교내 상담이 무료라고는 하지만, 전문가가 공짜로 일할 리는 없다. 그들에게 주는 임금이 어디에서 나올까? 우리가 모르는 기부 천사가 산타클로스처럼 야밤에 돈을 던져놓고 가는 게 아니면, 그 돈은 등록금에서 나왔을 가능성이 높다. 학생들의 상담 신청 요구가 늘어나면, 상담 인력을 늘리게 되고, 그러면 인건비도 늘어날 텐데, 또 등록금 올려서 충당할 것인가? 등록금을 조금이라도 낮추어서, 학생들의 부담을 덜어주는 것이 먼저다. 누군가는 이런 말도 했다.

더욱이 '조건 없는 반값 등록금'은 여유 있는 계층까지 예산으로 학자금을 대주는 것인 만큼 정의에 어긋나는 일이기도 합니다. 정치권의 포퓰리즘 경쟁이 젊은 세대의 건강한 정신을 멍들게 하고 결국 모두를 피해자로 만들어버리는 현실이 안타깝습니다.[5]

과연 등록금을 깎아주는 것이 젊은 세대의 정신을 멍들게 할 가능성이 클까, 아니면 돈 걱정에서 조금이라도 자유로워져서 정신 건강이 나아질 가능성이 클까? 두고 볼 일이겠지만, 나는 후자의 손을 들어주고 싶다. 어쩌면 등록금이 비싸냐, 아니냐의 문제가 아니라 말 많은 정치인들이 희망 고문으로 젊은 세대를 괴롭힌 것이 그들의 정신 건강을 악화시킨 주범일 수도 있다. 그렇게 보면 이 말도 아예 틀린 말은 아니겠다.

순수한 선물은 없다

2016년 부정청탁 및 금품 등 수수의 금지에 관한 법률(김영란법)이 시행되기 얼마 전, 내가 일했던 병원에서 교수 전체를 대상으로 특강이 있을 예정이니 대강당으로 오라는 병원장의 지시가 있었다. 흔하지 않은 일이었다. 의사마다 전공 분야가 다르고, 요즘은 전공 안에서도 세부 분야가 갈라져서 전체 교수가 한꺼번에 같은 강의를 들을 일은(거의) 없다. 교양 강좌는 정기적으로 있지만 그것을 들으라고 병원장이 참석 지시를 하지는 않는다. 도대체 뭐 그리 대단한 강의인가 싶었다가 '아'하고 탄식이 나왔다. 김영란법에 대해 국내 유수의 로펌 변호사가 와서 강의도 하고 질의응답도 한다고 했다.

김영란법의 본격 시행을 앞두고 뉴스에서 이 법의 취지와 내용, 파급 효과를 자주 다루었지만, '누가 나같이 힘없고 병원에 돈도 제대로 못 벌어다 주는 정신과 의사에게 청탁할 일이 있을까' 싶어 관심을 두지 않았다. 나는 공직자도 아니고 국공립이나 대학병원에 근무하는 의사도 아니니, 김영란법 적용 대상이 아니라고 생각했다.

그런데 이 법의 적용 대상이 예상보다 훨씬 넓었다. 국공립대학교나 사립대학교 병원 소속 의사뿐 아니라, 의대와 연결된 민간 대학 병원 의사도 같은 규제 대상이다. 심지어 외래교수 타이틀을 달고('타이틀만 달고' 있는 경우도 있다) 있는 개원의도 김영란법의 적용 대상이라고 한다. 그러다 보니 "외래교수도 김영란법에 적용된다는 소문이 돌고 있어 과감히 연장 신청을 포기했다", "괜한 타이틀 하나 때문에 의사회 업무를 하는 데 운신의 폭이 좁아질 수도 있다", "직함 유지로 얻을 이익보다 감수해야 할 손실이나 위험이 더욱 크게 느껴진다"라고 말하는 개원의도 생겼다.[1]

의사가 직무와 관련해 부정 청탁이나 금품 수수를 저지르게 된다면, 그 이유는 십중팔구 처방약이나 수술·검사 기구 선택과 관련 있다. 나는 '처방약과 관련한 부정 청탁이나 금품 수수만 없으면 되는 거 아닌가, 그렇게 어려운 일도 아니지'라고 생각했다. 게다가 기존의 '리베이트 쌍벌제(리베이트를 주는 사람과 받는 사람 모두 처벌하는 법)' 때문에 이는 엄격하게 통제되어왔다. 상담을 주로 하고 약은 조금밖에 쓰지 않는 내게 제약회사가 리베이트를 줄 일도 없으니 앞으로도 문제될 것 없다고 여겼다. 그런데 웬걸, 이게 그리 단순한 문제가 아니었다.

몇 년 전에 의사를 대상으로 한 설문조사 결과에 따르면, 환자 청탁을 한 번도 받아본 적이 없다는 의사는 4퍼센트에 불과했다. 그만큼 환자 청탁은 일반적인 현상이다. 환자 청탁이 모두 진료나 입원 순서를 앞당겨달라는 것은 아니다. 위의 설문조사 결과도 진료나 입원 순서를 앞당겨달라는 청탁은 전체의 15퍼센트에 불과했다. 절반 이상은 "진료를 잘해달라"고 담당 의사에게 말을 전해달라는 것이었다.……진료나 입원 순서를 앞당겨달라는 친·인척 혹은 지인의 부탁을 무시하기란 쉽지 않다.[2]

김영란 법에 따르면, 일반인 환자 A가 빨리 입원하기 위해 친구인 대학 병원 의사 B에게 부탁하고 이 의사는 같은 병원 원무과장 C에게 대기 순서를 바꾸어 A가 먼저 입원할 수 있도록 요청해 C가 이 부탁을 들어준다면 환자 A, 의사 B, 원무과장 C 모두 처벌을 받는다. 대형 병원에 근무하는 의사라면 대부분 지인을 통해서 입원을 조금 더 빨리할 수 있게 해달라는 부탁을 받아본 적이 있을 것이다. 이 칼럼을 쓴 서울대학교 의대 이진석 교수는 "김영란법은 아픈 것도 서러운데 연줄이 없어 새치기까지 당하는 환자의 분통을 풀어주고, 난감한 청탁을 받은 의사에게는 거절의 명분을 제공한다. 그것만으로도 상식적인 진료 문화 정착을 위한 김영란법의 의미는 크다"고 했다. 김영란법이 병원을 찾는 환자와 의사의 인식과 행동에 긍정적으로 작용할 것이라고 내다보았다. 하지만 "김영란법만으로 새치기 진료 관행이 해소되지는 않을 것이다"라고도 했다. 대형 병원에 환자가 몰리지 않도록 제도를 정비하고 의료 수가를 현실화해야 해결될 문제라고 했다.

재벌 회장님이나 병원을 소유한 재단 이사장과 그의 인척이 "빨리 입원할 수 있게 해달라, 유명한 의사에게 진료 보게 해달라, 나를 특별히 잘 봐달라"고 할 때도 김영란법을 들먹이며 "그렇게 할 수 없다"고 말할 수 있을까? 이진석 교수는 이렇게 썼다. "김영란법 시행으로 약한 연줄을 통한 공공연한 청탁은 줄어들겠지만, 센 연줄을 통한 은밀한 청탁은 여전할 것이다." 그는 갑 중의 갑이 요구하면 김영란법도 무력해질 것이라고 예측했다.

강의를 듣고 난 며칠 뒤 평소 친하게 지내던 선배 정신과 교수가 이메일을 보내 김영란법이 시행된 후 외부 강의를 어떻게 해야 하는지 나름의 조언을 했다. 이메일을 보낸 선배나 나는 직무 관련성이 있는 제약 회사 강의가 그리 많지 않다. 하지만 그 선배도 그렇고 나도 몇 권의 대중 서적을 쓴 적이 있고, 그 책을 중심으로 강의해달라는 요청을(나는 가끔, 그 선배는 자주) 받는다. 그 선배가 변호사에게 자문해 얻은 결론에 따르면 책을 중심으로 하는 대중 강의는 '직무 관련성'에서 예외 규정에 해당한다고 했다. 예를 들어 외교부 공무원이 오페라 '덕후'라서 음악책을 낸 다음에(외교 관련 업계 초청이 아니라) 민간인을 대상으로 도서관 등에서 강연하는 것은 김영란법의 예외 대상이 된다는 논리였다. 이 논리가 옳으냐 아니냐 하는 것을 떠나,

앞으로 더 조심하고 더 신중하게 처신해야 하는 것만은 분명해 보였다.

병원에서 개최한 김영란법 특강이 끝난 뒤 질의응답이 이어졌다. 교수 한 명이 변호사에게 물었다. "큰 수술을 성공적으로 끝낸 뒤 환자가 고마움의 표시로 넥타이를 선물했는데 알고 보니 그게 명품이라 5만 원을 훌쩍 넘는 가격이었다. 이 경우 환자에게 돌려주어야 하나?" 변호사는 "그렇다"고 했다. 교수가 다시 물었다. "환자가 병원에 오지 않으면 어떻게 돌려주나? 외래 환자가 너무 많아 나중에 그 선물을 준 환자가 누구였는지 정확히 기억이 나지 않으면 어떻게 해야 하나?" 변호사는 "최선을 다해 돌려주어야 한다. 그래도 안 되면, 선물을 받았다고 스스로 신고해야 한다"고 했다.

그 교수는 마지막으로 한 가지 질문을 더 했다. "시골에 사는 연로한 할머니가 수술을 받고 나서 직접 짠 참기름을 고마움의 표시로 선물했다. 요즘은 유기농 참기름이나 수제 참기름은 무척 비싸고, 할머니가 주신 참기름도 5만 원이 넘을 것 같은데 이런 경우에도 김영란법 때문에 받을 수 없다고 해야 하나?" 이 질문 속에는 '참기름 선물이라고 거절하면 그것을 준 할머니 마음을 다치게 할 수도 있는 것 아니냐'는 마음이 숨겨져 있었을 것이다. 변호사는 답했다. "돌려주어야 한다."

그러면서 덧붙이기를 "세상에는 수술해준 의사에게 고마움의 표시로 참기름조차 선물할 수 없는 어려운 형편에 처한 사람도 많다. 참기름을 선물한 환자가 만약 조금이라도 이익을 취하게 된다면, 참기름조차 선물할 수 없는 사람은 상대적으로 불이익을 받게 된다. 아무리 선의라 하더라도, 그런 선의조차 제공할 수 없는 사람에게는 불이익이 될 수 있다"고 했다. 김영란법의 취지는 "부패 유발적 사회 문화를 바꾸는 것이다"라는 말도 덧붙였다(강의를 녹음한 것이 아니라서 실제 강연과 표현의 차이가 있을 수 있다).

선물은 대가를 바라지 않는, 순수한 사랑의 행위다. 선물은 대가 없이 주고받는 것이고, 뇌물은 대가를 전제하는 것이다. 아주 작은 호의나 선의의 표현이라 할지라도, 선물은 받는 사람의 마음을 미묘하게 움직인다는 것을 누구도 부정할 수 없다. 아무리 사랑의 표시로 주었다고 해도, 그것이 선물을 받은 마음을 움직여 선물 준 사람의 이익을 위해 행동하게 했다면,

선물은 금세 뇌물로 바뀐다.

미국 베일러의과대학의 신경과학 실험실에서 진행된 실험 결과를 보자.[3] 피험자들에게 '세 번째 달'이라는 갤러리와 '외로운 늑대'라는 갤러리에서 출품한 미술 작품에 개인적인 선호도를 평가하게 했다. 피험자를 두 집단으로 나누어 첫 번째 집단에는 "당신에게 '세 번째 달' 갤러리가 실험 참가 보수를 지급할 예정입니다"라고 알려주고 두 번째 집단에게는 '외로운 늑대' 갤러리가 보수를 줄 것이라고 알려주었다. 각각의 작품 위에는 어느 갤러리에서 출품한 것인지 알아차릴 수 있는 로고가 붙어 있었다.

이 실험의 결과는 예상을 벗어나지 않았다. 피험자들은 자신에게 보수를 제공하는 갤러리에서 나온 그림에 더 높은 점수를 주었다. 미술품에 대한 개인의 미학적 판단이 누가 보수를 제공하는지에 따라 유의미하게 달라졌던 것이다.

피험자들에게 어떤 갤러리에서 보수를 지급하느냐가 판단에 영향을 주었는지 물어보았다. 그들은 한결같이 대답했다. "전혀 영향을 받지 않았습니다." 그런데 피험자를 MRI 기계에 넣고 미술품을 보여주면서 대뇌 활성도를 스캔했더니 자신을 후원한 갤러리의 로고가 있는 그림을 보여주었을 때 쾌감 중추가

활성화되었다. 후원을 받은 것과 의사 결정은 아무런 관련이 없다고 했지만, 그들의 뇌는 자기도 모르는 사이에 영향을 받았던 것이다.

의사도 비슷하지 않을까? 제약 회사가 제공하는 돈으로 연구하고, 제약 회사가 제공하는 비용으로(물론 학회를 통해 공정하게 지원하지만) 해외 학회에도 참석한다. 제약 회사에서 주최하는 세미나가 진행되는 곳은 유명 호텔인 경우가 많고(물론 식사도 같이 제공한다), 강의료 명목으로 돈을 주기도 한다. 소소하게 볼펜이나 머그잔 같은 기념품도 받는다. 정당하게 지식과 경험을 제공하고 허용된 범위 내에서 금품을 받는다. 법적으로는 문제가 없다. 그러면 이것이 환자를 치료하는 의사의 판단에는 어떤 영향을 미칠까? 의사에게 물으면 백발백중 이렇게 말할 것이다. "전혀 영향을 받지 않습니다."

누군가 자신에게 선물을 주면 그것에 보답하고 싶은 마음이 드는 것이 자연스러운 인간 심리다. 누군가 자신에게 도움을 주거나 선물을 주면 그 사람에게 빚졌다는 생각이 드는 것도 자연스러운 반응이다. 오랫동안 유전되어 지금까지 이어진 호혜적 이타주의reciprocal altruism를 실천하려는 인간 본성이 작동한 것이다. 진화심리학적으로 보면 '주고받는 게임'에 능한 종은 진화 과정에서 살아남아 후손을 계속 남길 수 있다. 베풀기만 하고 제대로 받지 못하는 사람은 쉽게 착취당하고 살아남지 못한다. 받기만 하고 주지 않는 사람은 아무도 그 사람과 파이를 나누지 않을 테니 오래 살아남을 수 없다. 이것이 인류를 지금까지 진화시켜온 동력 중 하나다.

경제 활성화니 뭐니 하면서 김영란법의 부작용을 먼저 운운하는 것은 인류의 본성을 간과한 단견短見에 불과하다. 아무리 작은 호의나 선물이라도 원천적으로 금지하는 것이 맞다. 개개인의 양심과 판단에 맡긴 채 '작은 선물 정도는 받아도 공직자의 의사 결정에는 영향을 미치지 않는다'고 하는 것을 액면 그대로 믿어서는 안 된다.

세상 사람 중 1퍼센트는 어떤 일이 있어도 절대 남의 물건을 훔치지 않는다. 또 나머지 1퍼센트는 어떻게든 자물쇠를 열어서 남의 것을 훔친다. 나머지 98퍼센트는 조건이 제대로 갖추어진 동안에만 정직한 사람으로 남아 있는다. 이 사람들

은 강한 유혹을 받으면 얼마든지 정직하지 않은 쪽으로 바뀐다.[4]

인간은 선하지도, 악하지도 않다. 항상 좋은 사람, 항상 나쁜 사람은 없다. 누구나 부정不正의 유혹에 넘어갈 수 있다. 사람들과 상호작용하면서 자기도 모르는 사이에 검게 물들 수 있다. 이미 검게 물들었는데도 "나는 하얗다"고 떠들고 다니는 것이 인간이다. 김영란법이 시행된 후에도 정말 악한 1퍼센트의 사람은 어떻게 해서든 부정을 저질렀다. 더 강력한 법이 나와도 마찬가지일 것이다. 그래도 김영란법은 반드시 필요하다. 왜냐고? 나와 같이 98퍼센트에 속하는 평범한 사람이 자기도 모르게 검게 변해버리는 것을 막아줄 수 있을 테니까.

선물이 주어지는 조건으로서의 망각은 선물을 주는 쪽에서만 근본적인 것이 아니라, 선물을 받는 쪽에서도 근본적인 것이다.……선물이 존재하려면 어떤 상호 관계, 반환, 교환, 대응 선물, 부채 의식도 존재해서는 안 된다. 만약 타인이 내가 그에게 주었던 것을 내게 다시 돌려주거나 나에게 고마움을 느끼거나, 또 반드시 돌려주어야만 한다면, 나와 타인 사이에는

어떤 선물도 존재할 수 없는 법이다.[5]

과연 세상에는 진정한 의미의 선물이 존재할 수 있을까? 선물을 준 사람이, 자신이 선물을 주었다는 것 자체를 잊어버려야만 진짜 선물이라고 한다면, 현실 세계에는 순수한 의미의 선물이란 존재할 수 없다. 며칠 전 아내에게 선물한 구두가 과연 순수한 내 사랑의 징표였을까? 곰곰이 생각해보면, 이것도 솔직히 자신이 없다.

part2

왜 인간관계는 쉽지 않을까?

혼자라서 외로운 게 아니다

노인은 말동무를 찾아 매일같이 탑골공원에 간다. 취업 못한 청년은 안전한 직장을 가질 때까지 스스로를 고립시킨다. 하루 10시간 이상 일하는 직장인은 연인을 만날 시간조차 없다. 대한민국은 외롭다. 사람이라면 누구나 사랑받고 사랑하고 싶지만 치열한 경쟁 속에 사는 현대인에게 사랑은 사치다. 각자도생 사회에서 걱정 끼치기 싫어서, 자존심 상해서, 실패자로 낙인찍힐까봐, 상대도 힘든데 부담 주기 싫어서 혼자 해결하고 혼자 아프다.[1]

1961년 미국 내과 의사 스튜어트 울프Stewart Wolf는 펜실베이니아주 로세토Roseto 지역의 의사에게 흥미로운 이야기를 들었다. 그 지역에 사는 이탈리아계 주민들은 술과 담배를 즐기고, 건강식을 챙겨 먹는 것도 아닌데(심지어 소시지와 미트볼도 잔뜩 먹는데도) 심장병에 잘 걸리지 않는다는 것이었다. 울프 박사가 이 지역의 심장 질환 유병률과 사망률을 조사했더니 장년층(55~64세)에서 심장병으로 인한 사망자는 없었고, 노년층(65세 이상) 사망률은 전국 평균의 절반에 불과했다. 도대체 이유가 무엇인지 확인해보았더니 주민들 사이의 신뢰와 상호 존중이 장수의 비결이었던 것으로 밝혀졌다. 친밀한 공동체에 속해 있으면 심장 질환에 잘 걸리지 않는 현상을 일컬어 로세토 효과roseto effect라고 부른다.

사회적 고립social isolation과 외로움feeling of loneliness이 건강에 부정적 영향을 미친다는 것은 다수의 연구로 확인되었다. 이 결과들을 종합해보면 외로움은 사람을 병들게 하고, 빨리 죽게 한다는 것을 알 수 있다. 시카고대학의 존 카시오포John Cacioppo 교수는 외로움이 조기 사망 위험도를 14퍼센트 높인다고 했다.[2] 외로움이 건강에 미치는 위험은 흡연과 비슷한 수준이며, 비만보다 2배 높다. 만성적 외로움chronic loneliness은 혈압과 콜레스테롤 수치를 올리고 심혈관을 딱딱하게 만든다. 만성적 스트레스에 시달릴 때처럼 코르티솔cortisol 분출이 늘고 자율신경계가 균형을 잃는다. 불면증·우울증·알츠하이머 치매에 걸릴 위험이 커진다. 외로움에 시달리는 사람은 의사 결정 능력과 주의 집중력 같은 고위 인지 기능도 저하된다.

외로움에 관한 연구 결과들이 공통으로 말하는 것이 있다. 가족과 함께 사느냐, 친구가 많으냐와 같은 물리적 연결보다 개인이 주관적으로 느끼는 외로움 자체가 중요하다는 것이다. 아무리 친구가 많고 약속이 꽉 차 있어도 '아, 나는 너무 외로워'라고 느끼면 건강에 해롭다는 것이다. 혼자 살면서 혼자 밥 먹고, 혼자 술 마시고, 혼자 여행을 다녀도 '난 괜찮아'라고 자족하면 건강에 악영향을 미치지 않는다. 물리적으로 고립되는 것보다 주관적 인식이 중요하다는 뜻이다.

미국에서 조사한 연구 결과를 보면 결혼한 사람 중 62.5퍼센트가 외로움을 느낀다고 한다. 오히려 혼자 사는 사람이 외롭다고 느끼는 비율은 26.7퍼센트에 불과했다.[3] 이 수치를 보면 배우자와 함께 산다고 외로움에서 벗어나는 것이 아니고, 혼자 산다고 무조건 외로워지는 것도 아니다. 결혼하면 외로워지지 않을 것이라고 기대하지만, 현실은 그렇지 않다. 같이 살고 있는 배우자와 정서적으로 단절되면 외로움의 고통은 더 커진다.

외롭다는 중년 남녀를 자주 본다. 집에 가면 처자식이 있고 스마트폰에 저장된 지인의 전화번호는 100개가 훌쩍 넘는데도 "너무 외로워"라고 한다. 자녀는 방문을 걸어 잠그고 무엇을 하는지 모르겠고, 남편은 골프 채널을 틀어놓고 소파에 누워 있고, 아내는 카카오톡으로 수다를 떨고 있다면 가족이 모여 살아도 외롭다고 느끼지 않을까? 이런 것을 두고 침묵하는 존재의 외로움quiet-presence loneliness이라고 한다.

외로움을 느끼는 사람은 타인의 거절과 거부 신호에 민감하다. 중립적 의사 표현을 거절로 받아들여 상처받고 관계를 끊는다. 거부당할지도 모른다는 두려움이 커서 '이 사람이 진정으로 나를 좋아하는 것일까?'라고 회의하며 관계 맺기를 주저한다. 받아들여지지 않을 것이라는 믿음 탓에 타인에게 다가가기를 꺼린다. 누군가 외로움을 덜어주겠다며 섣부르게 "너 외롭지? 내가 너를 돌봐줄게"라고 다가서면 '내가 외롭다는 것을 다른 사람들이 다 알고 있구나. 나는 인간관계 실패자야'라는 왜곡된 믿음이 강화된다. 자존감은 낮아지고 사회적 고립은 심해진다. 외로움이라는 감정이 타인을 더 밀어내게 만드는 것이다.

소외로 인한 심리적 고통은 암 통증이나 출산의 고통과 맞먹는다. 서로 모르는 세 사람이 있다고 하자. 이들이 그냥 같이 있을 때는 괜찮다. 하지만 한 명을 제외한 두 사람이 같이 캐치볼을 하면 그것을 지켜보는 사람은 괴로워진다. "캐치볼이 뭐 그리 대단하다고 마음 아플 것까지 있느냐?"라고 하겠지만, 다른 사람이 자신을 소외시킨 채 자기들끼리만 상호작용하는 것을 보게 되면 그것만으로도 괴로워진다.

'나만 혼자다', '나만 소외된 것 같다'라는 느낌은 뇌의 배측전대상피질dorsal anterior cingulate cortex을 활성화시켜서 통증을 유발한다. 외로울 때 몸이 더 아픈 것도 이 때문이다. 관심을 끌려고 아픈 척하는 것이 아니다. 우리 뇌가 소외와 외로움에 민감하게 세팅되어 있기 때문이다. 외로움이 이토록 고통스럽기 때문에 사람들은 서로 연결되고 싶어 한다. 이것은 인류가 진화할 수 있었던 동력이다. 인류가 존속하는 한 외로움이라는 감정은 절대 사라지지 않을 것이다.

외로움에 대한 민감도는 부분적(50퍼센트)으로는 유전자에 의해 결정된다. 외로움·사회적 고립·우울증의 유전적 영향을 확인하기 위해 1994년부터 1995년 사이에 영국에서 태어난 1,116쌍의 일란성 쌍생아를 대상으로 대규모 종단 연구를 시행했는데, 2016년에 그 결과가 발표되었다.[4] 사회적 고립과 주관적으로 느끼는 외로움 사이에는 유전적 요인(상관계수 0.65)이 있고, 외로움과 우울증 사이에도 유의미한 유전적 상관성(상관계수 0.63)이 있다고 밝혀졌다. 사회적으로 고립된다고 모든 사람이 외로움에 시달리는 것은 아니며, 외로움을 느끼는 데는 유전적 영향이 있다는 것이다.

외로움에 시달리는 사람이 우울증에 걸리는 것도 유전자의 영향을 받는다. 연구자들은 외로움과 우울증을 줄이기 위한 사회적 지원이 중요하다고 강조하면서도, 이것만으로는 충분하지 않다고 주장했다. 외로움 유전자를 정확히 발견해낸 것은 아니지만, 이 연구는 외로움에 취약한 유전적 소인이 있다는 것을 확인시켜주었다.

울지 마라

외로우니까 사람이다

살아간다는 것은 외로움을 견디는 일이다

공연히 오지 않는 전화를 기다리지 마라

눈이 오면 눈길을 걸어가고

비가 오면 빗길을 걸어가라

(후략)

－ 정호승, 「수선화에게」

외로운 것은 어떻게 해도 떨쳐지지 않는, 죽을 때까지 안고 가야 하는 감정이다. 사람은 모두 외롭다. 지금 외롭지 않다고 해도 언젠가는 외로워진다. 인생 주기에서 외로움의 강도는 U 자 형태를 띤다. 청소년기에 외로움을 크게 느끼다가 청년기에 줄었다가 중년을 지나 노년에 들어가면 외로움이 급격히 상승한다.

인간은 태어나서 죽을 때까지 철저하게 고독한 존재다. 가족과 친구가 곁에 있어도, 그들과 완벽하게 연결될 수 없다. 인간은 타인에게 영원한 이방인일 뿐, 어떤 인간관계도 외로움을 완전히 없애주지 못한다. 외로움은 어떤 인간관계로도 해소될 수 없다는 사실을 받아들일 수 있어야, 외로움이 가져다주는 고통에서 조금이나마 벗어날 수 있다.

'혼밥'은 이미 하나의 사회·문화 현상이 된 지 오래다. 1인 가구가 증가하고 개인의 라이프 스타일을 중요시하는 사람이 늘어나면서 서울 홍대 앞이나 강남같이 트렌드에 민감한 지역에는 혼밥족을 겨냥한 식당이 빠르게 생겨나고 있다. 한 설문 조사에 따르면, '나홀로족'이라고 밝힌 2030 성인 남녀의 86퍼센트가량이 혼밥혼술 트렌드에 대해 긍정적이라고 답변했다. 이유는 '방해받지 않고 자유롭게 먹을 수 있어서'.[5]

사회가 제대로 돌아가려면 누구나 때로는 마음과 다르게 행동해야 한다. 사회적 맥락에 따라 자아를 왜곡해야 한다. 피곤해도 타인을 반기는 척해야 하고, 비평하고 싶어도 너그러운 사람으로 남으려면 꾹 참고 미소를 지어야 한다. 그래야 조직에서 배척당하지 않고 생존을 보장받을 수 있다. 이렇게 살다 보면 남을 기쁘게 해야 한다는 의무에서 벗어나 혼자 떨어져 있고 싶어진다. 삶에 지쳐 '혼자'를 찾아 자신을 고립시키고 싶어질 수밖에 없다. 수많은 사람이 몰려 사는 대도시에서 '혼자 되기'는 사람 때문에 과민해진 마음을 보호하려는 전략이다. 복잡하고 바쁜 사회에서 인간관계를 위해 치러야 하는 심리적 부담에서 벗어나고 싶어서 혼자를 찾는 것이다.

"혼자 술을 마시고 영화를 보고 밥을 먹는 것 등을 자연스럽게 받아들이게 된 것은 사회 문화의 중심이 단체에서 개인으로 옮겨가기 시작했기 때문"[6]이라는 주장도 있지만, 20~30대 청년들은 '자아 보호'를 위해 스스로 고립을 선택했다고 보는 것이 맞다. 인간은 과거에 당했던 거부와 소외의 기억을 떠올리는 것만으로도 생각과 감정이 부정적으로 변한다. 인간관계를 부정적으로 인식하게 되고, 관계 불안이 커지며, 수줍음을 타고, 우울해지며, 자존감까지 낮아진다.[7]

직장과 사회를 향해 "나를 받아주세요"라고 애타게 매달렸지만 거부당하고 말았던 기억이 청년들을 '혼자'가 되게 만들었다고 보는 것이 타당하다. 간신히 직장을 얻어도 '갑질'하는 상사와 혼탁한 사내 정치와 관계 갈등에 상처받았던 기억이 떠오르면 고슴도치가 몸을 말듯 자아를 움츠리게 되는 것이다. 기성세대가 주었던 거부의 기억이 '인간관계는 무의미한 거야'

라는 믿음을 만들고 '나는 또다시 거절당하고 싶지 않아'라며

사회적 철수를 선택하게 만든 것이다.

연기라도 좋으니 눈물을 보여다오

병원에서 직원들을 대상으로 집단 스트레스 상담을 했다. 직원들은 둥글게 모여 앉아 서로 힘든 이야기를 나눈다. 까다로운 환자나 보호자에게 받은 스트레스부터, 직장 동료나 상사 때문에 힘들다는 이야기도 나온다. 말 안 듣는 중학생 아들을 둔 간호사는 한숨을 내쉬며 하소연도 한다. 배우자 험담도 한다. 그러다 보면 한두 명씩 눈물을 흘리기 시작한다. 너도 나도 울면서 눈물바다가 될 때도 있다. 우는 것을 보고 슬퍼져서 울고, 다른 사람의 사연을 듣고 자기 사연이 겹쳐서도 운다. 이런 분위기가 되면 나는 별다른 말없이 가만히 듣고 있게 된다. 유심히 관찰하면서 이야기할 기회가 골고루 돌아가도록 분위기를 이끄는 정도가 내 역할의 전부다. 눈물바다가 되었던 상담 모임에 대한 피드백을 받아보면 "힐링이 된 것 같다", "마음이 홀가분해졌다"고 한다. 고맙다며 인사를 전해오기도 한다. 정작 내가 한 일은 별로 없는데도 말이다.

일본에서 '루이카쓰涙活'라는 이벤트가 열린다는 기사를 보았다. 모르는 사람끼리 인터넷 공지를 보고 한자리에 모여 같이 울면서 스트레스를 해소한다고 했다. 2013년 시작해 3년 동안 150회를 넘겼다고 한다.

도쿄 신주쿠의 한 회의실에 초등학생부터 60대까지 일본인 남녀노소 30여 명이 모였다. 주최 측이 불을 껐다. 5분 분량 잔잔한 동영상 대여섯 편이 잇달아 방영되었다. 컴컴한 방에서 사람들이 조용히 눈을 훔쳤다.……이들은 왜 친구나 가족 앞에서 울지 않고 굳이 '루이카쓰'에 참여할까. "자기가 울면 친구나 가족이 마음 아파할까봐 배려하는 것"이라면서 "남자는 회사에서 울면 '약한 인간'이 되고, 집에 가서 울면 아내와 자식이 걱정하니까 여기 온다"고 했다.[1]

울음은 스트레스, 슬픔, 애도, 불안, 좌절의 해소 통로다. 눈물을 흘리면 감정이 정화된다. 실컷 울고 나면 기분이 좋아진다. 양파를 까면서 아무리 울어도 이런 효과는 나타나지 않는다. 감정을 표현할 때 흘리는 눈물은 정서적 눈물emotional tear이다. 연기나 먼지에 자극받아 흘리는 것은 반사적 눈물reflex tear이다. 이 둘은 성분이 다르다. 정서적 눈물에는 반사적 눈물에 비해 스트레스 호르몬과 독소가 많이 포함되어 있다. 감정에 복받쳐 눈물을 흘리면 스트레스 호르몬과 독소가 배출된다. 정서적 눈물을 흘리고 나면 엔도르핀endorphin과 옥시토신oxytocin 농도가 높아진다. 이 두 호르몬은 각각 행복감과 연대감을 증진시킨다. 우는 행위는 부교감신경계를 자극한다. 울고 나면 호흡과 심박수가 감소하고 생리적으로 진정된다.

루이카쓰 행사에 참석한 사람의 말처럼, 집에서 울면 가족이 마음 아파하고 회사에서 울면 '지질한 인간' 취급받기 때문에 쉽게 울지 못하는 것일까? 그렇다면 아무도 보지 않는 곳에서 혼자 울면 되는데, 왜 모여서 울까? 다른 사람이 보고 있는 곳에서 운다고 눈물의 화학 성분이 바뀌는 것도 아닐 텐데, 왜 같이 모여서 울려고 할까? 내가 우는 모습을 보여주고, 타인의 눈물을 목격하는 것이 혼자 우는 것보다 나은 점이 있을까?

눈물은 사회적 신호다. 눈물을 목격한 사람은 강한 감정을 느끼게 된다. 이것은 공감 반응으로 나타난다. '네 눈물을 보니 내 마음도 아프다'라는 느낌을 일으키는 것이다. 직접 고통받지 않더라도 우리는 타인의 고통을 보고 눈물을 흘린다. 눈물로 타인의 고통에 '나도 같이 아파하고 있다'는 메시지를 보낸다. 공감받고자 하는 사람, 공감해주고자 하는 사람 모두 눈물을 흘리게 된다. 공감의 눈물은 신뢰를 형성하고, 유대감을 강화한다. 같이 울면서 하나가 되는 것이다.

정치인들이 눈물을 보일 때 '저거 봐라, 또 연기한다'고 생각할 때도 있다. 아주 가끔은, 보좌관이 옆에서 선풍기로 양파 냄새를 날려 보내고 있는 것은 아닐까, 의심하기도 한다. 하지만 때로는 그들이 보여준 눈물에 나도 같이 '울컥'해서 감동받을 때도 있다.

30년 동안 얼굴 표정을 연구한 에리카 로젠버그Erika Rosenberg 박사는 버락 오바마 전 미국 대통령이 2016년 1월 5일 총기 규제에 관한 연설 중에 흘린 눈물이 진정성 있는 것이었는지,

연기였는지 분석했다.[2] 40분이 조금 넘는 연설이었는데 30분이 지나자 오바마 대통령은 목이 메고, 눈물이 고이기 시작했다.[3] 이것이 연기였고, 어쩌면 옷깃에 양파를 숨겨두었기 때문이라는 세간의 조롱에 로젠버그 박사는 과학자로서 자기 의견을 피력했다.

결론부터 말하면, 로젠버그 박사는 오바마 대통령의 눈물을 진짜라고 판단했다. 몇 가지 근거를 제시했는데, 요약하자면 이렇다. 총기 난사 사고로 목숨을 잃은 학생을 언급하면서 눈물이 차올랐는데, 이때 오바마 대통령의 얼굴에서 슬픈 감정과 연관된 표정 근육 운동(눈썹 안쪽이 위로 당겨져 올라가고, 입꼬리가 내려가고, 턱을 치켜드는 것과 같은)이 나타났다는 것이다. 이때 나타난 눈썹 움직임은 의도적으로 만들어내기 어려운 것이라고 한다. 두 번째 근거는 오바마 대통령이 눈물을 흘릴 때 얼굴에 나타나는 감정 표현이 부드럽고 대칭적이었다는 것이다. 목소리와 표정 변화가 연설 내용과 일치했는데, 이것 또한 연기가 아닌 진정성 있는 감정 표현의 증거라고 했다.

슬픔에 젖어 눈물을 흘릴 때 오바마 대통령은 감정을 통제하려고 애썼는데, 이것이 연기와 진정성 있는 울음의 결정적 차이라고 한다. 오바마 대통령은 탁자에 손을 올리고, 이를 꽉 깨

물고, 입술을 앙다물기도 하고, 입술을 한쪽으로 빠르게 움직였다가 다시 중립적인 위치로 옮겼는데, 이런 움직임은 감정을 억제하고 조절하려는 시도다. 연기로 눈물을 흘리는 사람은 감정을 드러내고 강조하지 참으려고 노력하지 않는다. 눈물이 흘러도 닦지 않고 내버려두는 것처럼 말이다. 지금까지 우리나라 대통령들이 흘렸던 눈물 중에 진정성이 담긴 것과 그렇지 않은 것을 이 기준에 맞추어 구분해보면 재미있을 것 같다.

살다보면 울고 싶을 때가 있다. 그냥 울음이 쏟아지기도 한다. 꼭 슬퍼야 우는 것은 아니다. 기뻐도 울고, 억울해서 울고, 분해도 운다. 슬프지 않지만 눈물을 보여야 할 때도 있다. 슬프지 않거나, 진정으로 참회하지 않더라도 눈물을 흘려야 할 때가 분명 있다. 이런 경우 울지 않는 것보다 억지로라도 우는 것이(비록 연기라 해도) 훨씬 낫다. '악어의 눈물'이라고 비난하지만, 눈물을 보여줄 수 있는 사람이 더 낫다고 생각한다. '악어의 눈물'을 흘리기로 작정한 사람은, 보통 사람들은 그와 같은 상황에 눈물을 보이며 운다는 것을 알고 있게 마련이다. 다른 사람의 관점에서 세상을 볼 수 있는 능력이 사라지지 않았다는 뜻이다. 소통하고 공감할 수 있는 능력이 완전히 없어지지는 않았다는 뜻이기도 하다. 그러니 앞으로 달라질 여지가 있다. 하지만 눈물을 보일만한 상황인데도 굳은 표정으로 꼿꼿하게 대응하는 사람은 정말 무섭다. 이런 사람과는 아주 작은 소통의 여지조차 없다. 누군가가 흘린 눈물이 '악어의 눈물'이라며 힐난할 필요 없다. 앞에서 울고, 뒤에서 금방 웃는다고 섬뜩해할 필요도 없다. 진짜 무서운 사람은 따로 있다.

여성은 1년에 30~60번 울고, 한 번 울 때 6분 정도 운다. 같은 기간 남성은 6~17회 울고, 우는 시간은 보통 2~4분이라고 한다. 여성의 3분의 2는 울음이 흐느낌으로 변하는데, 남성은 6퍼센트만 그렇다고 한다. 통계적으로 그렇다는 이야기다. 여성이 남성에 비해 눈물이 많으니 정서적으로 약하다는 말을 하려는 것은 절대 아니다. 다시 말하지만, 절대 아니다. 일반적인 현상이 그렇다는 거다. '왜 여성이 눈물을 자주 흘리고 더 오래 우는가?'라는 질문은 사람마다 다른 이유가 있을 테니 옆으로 제쳐두자. 그보다 여성의 눈물에는 특별한 사회적 효능이 숨겨져 있는 것은 아닐까? 나는 이게 더 궁금하다.

실제로 여성의 눈물이 남성에게 영향을 준다는 것을 밝혀낸 연구가 2011년 『사이언스Science』에 발표된 적이 있다.[4] 여성들에게 슬픈 영화를 보여준 뒤 그녀들이 흘린 눈물을 채취했다. 이렇게 모은 눈물을 솜털에 적셔서 20대 남성의 코 아래에(마치 냄새를 맡는 것처럼) 한동안 두었다. 대조군 남성에게는 생리식염수에 적신 솜털을 코 아래에 두었다. 눈물과 생리식염수 모두 냄새가 없으므로, 냄새로 둘을 구분할 수는 없다.

이렇게 한 뒤에 여성의 사진을 보여주며 성적 매력을 점수로 매기게 했다. 남성 호르몬인 테스토스테론testosterone 수준도 함께 측정했다. 여성의 눈물을 접한 남성은 사진 속 여성의 성적 매력을 대조군보다 낮게 평가했다. 테스토스테론 수치도 더 낮았다. 성적으로 자극적인 영화를 보여주면서 뇌 영상 촬영도 했다. 여성의 눈물 냄새를 맡은 남성은 대조군에 비해 성적 흥분과 연관된 시상하부의 활성도가 낮았다. 저자들은 눈물이 사회적 반응을 불러일으키는 화학시그널chemosignal이라고 주장했다.

여성의 눈물이 테스토스테론 수준을 떨어뜨리면 성욕과 공격성도 낮아진다. 성적인 행동뿐만 아니라 위험 행동과 과격한 표현도 줄어든다. 충동성도 줄어든다. 그렇다면 여성의 눈물로 공격성을 억제할 수 있지 않을까? 그렇다면, 여성의 눈물은 평화의 메시지라고 해도 되지 않을까!

상담을 하다 보면 "눈물을 흘려서 미안합니다. 울어서 죄송해요"라고 말하는 사람을 종종 본다. 다른 사람 앞에서 울면 안 된다고 생각하는 것 같다. 울음은 참아야 하고, 울음은 참을수록 좋다고 배워온 사람일수록 그런 것 같다. 하지만 울음은 억지로 참으면 병이 된다. 힘든 세상을 버텨내려면 눈물이 필요하다.

그냥 솔직하게 "나 지금 불안하고 힘드니까, 당신이 날 좀 돌봐줘"라고 있는 그대로 부탁할 수 있는 사람은 오히려 더 건강한 사람일 수도 있어요. 내 안에 약한 마음을 있는 그대로 인정한 것이기도 하고, 거절당할까 두려워서 자기 욕망을 억지로 숨기거나 속이지도 않았으니까요. 내 마음속의 약한 마음, 부족한 것까지 품어달라는 욕심을 포장하거나 가리려고 하지 않았으니, 더 솔직하고 진실한 사람일 테고요.[5]

우리는 슬픔에 잠겨 눈물 흘리는 사람을 보면 '당신도 나와 같은 사람이군요'라는 동질감을 느낀다. 슬퍼도 눈물 흘리지 않는 사람, 힘들 때 도와달라고 눈물로 호소하지 않는 사람은 타자他者다. 우는 법을 잃어버린 사람, 눈물의 진짜 의미를 잊은 사람은 타자일 수밖에 없다. "타자란 우리를 본능적으로 밀어내고 지루하게 하고 겁에 질리게 하는 외부인을 말한다. 어떤 도움 없이는 그들이 우리와 공통점이 있을 거라고 상상할 수 없는 이들을 말한다."⁶ 타자와 나 사이에는 극복 불가능한 장벽이 있다고 느낀다. 우리라는 연대감이 아니라 나와 다른 너라는 인식이 뿌리내린다.

눈물을 보이며 "나는 지금 힘들다"고 할 수 있는 사람은 건강한 사람이다. 눈물을 흘리며 '나를 도와주세요'라고 신호를 보내는 것이 약하다는 뜻은 아니다. 자존감이 높을수록 감정을 덜 억압한다. 강한 사람은 감정에 솔직하고, 감정 표현을 두려워하지 않는다. 울 수 있는 사람이 용기 있는 사람이다. 용기 있는 사람이 세상을 향해 눈물을 보일 수 있다. 울 줄 아는 힘을 가진 사람, 울음의 의미를 자각할 수 있는 사람이 다른 사람을 감동시킬 수 있는 법이다.

졸혼을 못 하는 이유

일본에서 '졸혼卒婚(소쓰콘)'이 늘고 있다고 한다. 2004년 책 『소쓰콘을 권함』을 쓴 스기야마 유미코는 졸혼을 이렇게 정의했다. '기존 결혼 형태를 졸업하고 자기에게 맞는 새 라이프 스타일로 바꾸는 것'. 스기야마 부부는 걸어서 25분 떨어진 아파트에 따로 살며 한 달에 두어 번 만나 식사한다. 원래는 전형적인 모범 부부였지만 아이들이 자라자 달라졌다. 시간 맞추어 같이 밥 먹고 가족 여행 다니는 것도 부담스러웠다. 결혼 틀은 유지하되 각자 자유롭게 살기로 했다.[1]

내가 처음 '졸혼'이라는 말을 접한 것은 2016년 5월 12일 『조선일보』의 「만물상」 코너 「졸혼」이라는 이 기사를 통해서다 (이 글을 쓰면서 검색해보니, 졸혼이라는 용어가 처음 소개된 것은 5월 11일 자 같은 신문에 실린 「"할 만큼 한 결혼 생활…각자 삶으로" 한 달 한 번꼴 만나는 일日 중년 부부들」이라는 기사였다). 신문 지면에서 이 단어를 보고 '그래, 바로 이거다'라고 고개를 끄덕였다. 이 기사가 나온 뒤 얼마 지나지 않아 부부의 날(5월 21일)이었는데, 그 무렵 졸혼이라는 말이 미디어에 자주 등장했다. 하지만 그때까지도 졸혼은 생소했다. 배우 백일섭이 졸혼을 선언하고 혼자 사는 모습이 텔레비전에 등장하고 나서야 비로소 대중의 입에 오르내리기 시작했다.

나는 그때 졸혼이 유행어가 될 것이라고 확신했다. 당시 출연했던 라디오 상담 프로그램에서 졸혼 이야기를 하기도 했다. 내게 선견지명이 있다는 말을 하려는 게 아니다. 중·장년 부부를 오래 상담하다 보니 정확히 정의할 수 없는 부부 관계가 많다는 것을 체감했는데, 아무리 찾아도 딱 맞는 용어가 없었다. 그러다 졸혼 기사를 보고 "바로 이거다" 했다. 이혼한 것은 아니고, 그렇다고 전통적인 결혼 생활을 유지하는 것도 아니다. 미워 못 살겠다는 것은 아니지만, 그렇다고 애절한 것도 아니다. 각자 사생활을 존중하고, 간섭도 하지 않고, 서로에게 무관심해 보여도 정서적으로 완전히 단절된 것은 아니다. 전통적 관점으로 설명하기 곤란한 결혼 형태가 많았다.

우리 사회에는 졸혼한 부부가 이미 차고 넘치는 것 같다는 인상도 받았다. 결혼 생활 동안 참아왔던 남편의 나쁜 습관을 더는 못 견디겠다며 작은 오피스텔을 얻어 혼자 사는 아내, 농사짓고 사는 것이 평생의 꿈이라며 시골에 집을 얻어 주중에는 혼자 그곳에서 지내다가 주말에만 서울에 오는 남편, 한집에 살지만 각방 쓴 지 오래되었다는 부부, 방은 같이 쓰지만 트윈 베드를 쓰면서 섹스는 전혀 하지 않고 사는 부부, 기러기 부부도 위장된 졸혼인 경우가 많았다. 이런 부부에게 물어보면 하나같이 이혼은 하기 싫다고 했다. 이혼하고 싶은 마음이 없는 것은 아니지만, 이혼하지는 않을 거라고 했다.

졸혼을 실행하지는 않았지만, 졸혼하고 싶다는 아내(혹은 남편)는 더 많았다. 대한민국에서 웬만큼 결혼 생활을 한 부부는 죄다 심정적 졸혼 상태가 아닐까 생각하기도 했다. 20~30년이 넘도록 같이 생활한 부부라면 누구나 졸혼하고 싶다는 생각을 한두 번쯤은 해보지 않았을까? "나는 그럴 마음이 전혀 없다"라고 손을 번쩍 드는 사람도 있겠지만, 이런 경우 십중팔구는 그 사람의 배우자가 "이제는 제발 졸혼하고 싶어요!"라고 한다.

전문가들은……황혼 이혼 대신, 졸혼이 중년의 부부 문제
해결을 위한 방안이 될 수 있을 것이라고 한다.……곽소현 경
기대 심리학과 초빙교수는 "시댁 문제나 처가 문제, 혹은 자
녀 교육 등으로 갈등이 많고 책임도 과도해 심리적으로 지쳐
있는 부부라면, 졸혼 선언을 통해 각자의 역할에 대한 휴식기
를 주는 것도 황혼 이혼을 막을 수 있는 방편이 될 수 있다"고
제안한다. 그는 "우리 사회는 이혼에 대한 부정적인 사회 통
념이 여전히 존재하기 때문에, 황혼 이혼보다는 졸혼에 대해
좀더 허용적인 분위기가 형성될 수 있다"고 덧붙였다.[2]

부모로 그리고 부부로 사는 동안 짊어져야 했던 심리적 부
담과 결혼 생활 동안 억눌러왔던 자기실현욕구, 이혼과 관련된
법적 문제와 부정적 사회 통념이 졸혼을 부추기고 있다는 것
은 옳은 분석이다. 더욱이 사랑이라는 감정의 부식성腐蝕性 때문
에 부부가 오래 같이 지내면 숙명적으로 멀어질 수밖에 없다.

김정운 여러가지문제연구소 소장은 "졸혼은 100세 시대에 일부일처제가 유지될 수 있는 몇 개 안 되는 대안 중 하나다"라고 했다.[3] 100세 시대를 살아내야만 하는 부부가 졸혼을 고려하지 않으면 그게 더 이상할지 모른다.

졸혼이 유행하는 원인을 분석하는 것은 실질적인 의미가 없다. 앞에서도 말했지만 중·장년 부부 중에 졸혼한 사례도 많고, 실천에 옮기지 못했지만 심정적으로 이미 졸혼한 경우는 훨씬 더 많다. 우리나라 황혼 이혼율(통계청은 황혼 이혼의 기준을 결혼 생활 20년 이상을 대상으로 한다)은 30퍼센트다. 미혼 남녀를 대상으로 결혼정보업체가 조사한 바에 따르면 60퍼센트가 졸혼에 찬성했다. 졸혼은 이미 대중적으로 받아들여졌다고 보는 게 맞다. 다만 그것을 실행하느냐, 아니냐의 차이가 있을 뿐이고, 또 부부마다 졸혼의 형태가 다를 뿐이다.

부부가 마지못해 전통적인 결혼을 유지하는 이유가 무엇일까 묻는 편이 낫다. 부부 상담을 하다 보면 '저 정도면 서로 떨어져서 사는 게 나을 텐데……'라고 생각할 때가 많다. 이혼할 정도는 아니지만, 각자 생활을 존중하고 먼 친척처럼 사는 것이 남편이나 아내 모두에게 이로울 것 같은데 '모름지기 부부라면 ~라야 한다'라는 고정된 틀에 억지로 끼워 맞춰 살다보니 오히려 갈등이 커졌다. 배우자와 떨어져서 살고 싶은데도 "자식들 보기 민망하다, 남들이 뭐라고 하겠느냐"라며 꾹 참고 붙어 살았다. 남자는 체면 때문에, 여자는 자식 때문에 졸혼 못 하겠다고 했다.

졸혼하고 싶은 마음은 굴뚝같은데, 실행에 옮기지 못하는 가장 큰 이유는 돈이다. 부부가 따로 살려면 경제적으로 여유가 있어야 한다. 전업주부라면 결혼 생활 동안 따로 자기 돈을 모아두어야 한다. 졸혼해도 남편은 자식과 아내에게 경제적 지원을 계속해야 하니 돈이 더 든다. 이런 것을 고려하면 미우나 고우나 부부는 같이 사는 게 낫다고 여기며 주저앉게 된다. 경제권을 쥔 남편이 "우리 이혼하지 말고 각자 떨어져서 지내자"라고 하면 아내는 받아들이는 경우가 많다. 하지만 경제권을 쥔 남편이 졸혼에 반대하면 아내가 아무리 원해도 졸혼이 성립되지 않는다.

남들 보기에 그럴듯한 '졸혼 라이프'를 즐기기 위해서도 돈이 중요하다. 원룸이라도 하나 있거나, 시골에 텃밭 딸린 작은 집이라도 있어야 "졸혼하길 잘했다"고 말하고 다닐 수 있다. 그렇지 않다면 "경제적으로 쪼들려도 마음만 편하면 된다"라는 자기 확신이 있어야 하는데, 이게 말처럼 쉽지 않다. 실제로 내가 본 졸혼 부부는 경제적으로 어느 정도 여유로운 경우가 대부분이었다.

졸혼을 원하는 사람은 배우자의 간섭을 받지 않고, 자기 마음 가는 대로 편하게 살고 싶어 한다. 평생 이루지 못한 꿈에 도전하려고 졸혼하는 사람은 실제로는 매우 적다. 그런데 마음대로 살고 싶어도, 일상생활을 스스로 꾸려나갈 수 없으면 졸혼하고 싶어도 못하게 된다. 스스로 밥도 잘 챙겨 먹고, 빨래나 청소도 할 줄 알아야 졸혼도 할 수 있다. 자기 관리에 철저해야 한다. 졸혼하고 혼자 사는 어떤 사장은 돈도 많은데 분식집 김밥을 사서 집에 들어가 혼자 저녁을 때웠다. 말끔하게 차려입고, 냄새나지 않게 자기 관리를 하고 다닐 수 있어야 졸혼하고 초라해졌다는 소리를 안 듣는다.

졸혼 후 시골에서 텃밭을 가꾸며 살던 어떤 남자는 아내의 간섭이 없으니까 매일 소주를 2병씩 마시다가 알코올중독이 되어서 딸 손에 이끌려 병원에 왔다. 당뇨나 고혈압이 심해서 약을 꼬박꼬박 챙겨 먹어야 하고, 식단 조절도 철저히 해야 하는 사람은 졸혼하고 싶다는 말을 입 밖에 꺼내지 않는다. 암 진단을 받았거나 큰 수술을 받은 사람도 마찬가지다. 졸혼해서 혼자 사는 사람은 집 안에서 갑자기 쓰러졌는데 도와줄 아내(혹은 남편)가 곁에 없는 것을 제일 두려워한다.

소외에 대한 공포가 큰 사람은 졸혼하기 힘들다. 졸혼에 반대한다며 목소리를 높이는 남자들을 자세히 관찰하면 대부분 외로움을 못 견디고, 아내가 있어야만 가족과 소통할 수 있는 사람이다. 혼자서는 정서적 관계를 맺지 못한다. 나이 든다고 정서 지능이 저절로 좋아지지는 않는다. 사회생활을 오래 하다 보면 퇴화하는 경우가 많다. 정서 지능이 낮아진 남편은 아내가 졸혼하자고 하면 화부터 버럭 낸다. 두려워서 그런 것이다. 이런 남자는 마지못해 졸혼해도, 수시로 아내가 사는 집에 찾아와서 밥 달라고 한다. 약속 없는 날이나 주말에는 어김없이 아내를 찾아온다. 아내는 어쩔 수 없이 남편을 받아주지만, 밥만 차려주고 같이 먹지는 않는다. 잠도 따로 잔다. 이런 남편이 귀찮아 죽겠다는 아내를 심심찮게 본다.

결혼이 학업이라면 언젠가는 졸업해야 한다. 결혼 생활의 고통을 견디다 보니 인생에 도통했다는 중년 여성을 보면 내가 졸업장을 주고 싶어진다. 더 배울 것도 없고 마음고생이라는 등록금만 더 내야 한다면 졸업하는 게 낫다. 하지만 그 이후가 문제다. 졸업하고도 취직이 안 되면 살기 힘들듯이, 졸혼 생활이 그럴듯해 보이느냐, 아니냐는 현실적인 돈 문제와 직결된다. 무엇보다 정서적으로 튼튼해야 한다. 외로움을 못 견디고, 죽음에 대한 두려움이 크면 졸혼하고 더 비참해진다. 혼자 생활해도 끄떡없을 정도의 생활력이 필요하다.

배우 백일섭을 보면서, 그는 결혼에서 완전히 졸업하지 못했다는 생각이 들었다. 텔레비전이 그를 결혼에서 졸업시키려고 열심히 돕고 있었다. 요리하는 법을 가르쳐주고, 아들과 정서적으로 소통하는 법을 새로 배울 수 있게 해주었고, 건강까지 챙겨주고 있으니 말이다.

왜 나쁜 관계를 끝내지 못할까?

인도 마디아프라데시주 내무장관 고팔 바르가바는 거하코타 지역에서 집단 결혼식을 올린 신부 700여 명과 가족에게 빨랫방망이 1만 개를 선물했다. 거하코타 지역에는 알코올중독자가 많은데, 남편이 술 마시고 가정 폭력을 저지르면 이 방망이로 대응하라고 바르가바는 말했다.[1]

남편이 술을 마시고 가정 폭력을 저질렀을 때 아내는 방망이를 휘둘러야 할까? 몽둥이로 때려서 남편의 못된 버릇을 고쳐놓아야 할까? 그것이 과연 가능할까? 정답은 방망이가 아니라

이혼이다. 아내의 헌신과 사랑으로 남편은 변하지 않는다. 시간이 흐를수록 좌절감만 깊어진다. 이혼이 답이다.

상담하다 보면 이혼하는 것이 맞는데도 그러지 않고 계속 사는 부부를 종종 본다. 가정 폭력이 대표적인 경우다. 알코올 문제가 겹쳐 있으면 더 심각하다. 남편의 폭력이 반복되는 데도 참고 살면서 이런저런 이유로 이혼할 수 없다는 여성이 많다. 그들은 "아이가 대학 갈 때까지는 참고 살겠다", "자식이 결혼할 때 흠잡힐 수 있으니, 결혼 시키고 나서 이혼하겠다"고 한다. 많은 경우 "나는 이혼하고 싶지만 남편이 이혼해주지 않는다"며 어쩔 수 없다고 체념한다. 성가신 법률 절차나 타인의 시선도 이혼을 가로막는다. 그런데 이런 것들이 나쁜 관계를 끊지 못하고 주저앉게 만드는 진짜 이유일까? 끊어야 하는 관계를 유지하는 사람의 마음 깊은 곳에는 또 다른 심리가 작동하고 있지 않을까?

사람은 항상 인간관계에 투자한 비용과 그 관계에서 얻게 되는 보상을 비교한다. 비용보다 보상이 크면 관계는 지속되고 그렇지 않으면 종결된다. 이를 사회 교환 이론social exchange theory 이라고 한다. 사회 교환 이론은 부부나 연인뿐만 아니라 모든 인간관계를 관통하는 원리 중 하나다. 폭력 남편에게 학대받고

사는 아내는 관계에서 얻는 보상은 적고 결혼을 유지하는 비용
은(정서적 상처를 포함해서) 이루 말할 수 없이 크다. 그런데도
부부 관계를 청산하지 못한다. 이 상황은 사회 교환 이론만으
로 이해할 수 없다. 이를 설명하려면 자존감이라는 또 다른 변
수가 필요하다.

자존감이 낮은 사람은 인간관계에서 얻을 보상에 대한 기
대가 애당초부터 없거나 매우 낮다. 낮은 자존감 때문에 자신
은 타인에게 사랑받을 자격이 없다고 여기거나, 학대받더라도
자기 탓이라고 믿는다. 맞고 살면서도 이혼하지 못하는 사람
은 배우자에게 아주 적은 보상만 얻더라도 그것이 자신이 얻
을 수 있는 최대치라고 믿는다. 자존감이 타인에 대한 기대나
관계에서 얻게 될 보상 수준을 미리 결정해버리는 것이다. 기
대가 없으니, 학대받아도 관계를 청산하지 않는다. 관계란 으
레 그런 것이라는 뿌리 깊은 믿음이 지배하고 있기 때문이다.
부정적인 관계 경험이 쌓일수록 자존감은 더 낮아지고 자신은
관계를 끝낼 능력조차 없다고 인식한다. 관계에서 벗어나야

한다는 절박감도 사라지고 만다. 자존감이 낮은 사람은 자신은 다른 사람과 새로운 관계를 맺을 자격이 없다고 여긴다. 새로운 연인을 만나도, 더 나아질 것 없다는 비관적 전망에서 벗어나지 못한다.

어린 시절 학대받은 경험이 있다면, 관계의 질이 낮아도 안주해버린다. 양육자와의 애착 경험은 성인이 된 이후 대인 관계에 결정적인 영향을 미친다. 어린 시절 부모와 좋은 관계를 맺었던 추억보다 학대받았던 기억이 많고 거기서 벗어나지 못한다면, 새로운 관계를 맺어도 별다른 소용이 없을 것이라고 믿는다.

이쯤 되면 현재의 나쁜 관계에서 벗어나지 못하는 자신을 정당화한다. 고통받으면서도 관계를 유지하려고 투자한 시간과 노력을 생각한다. 배우자와 공유하는 경제적 조건도 중요한 고려 대상이다. 관계가 끝나면 지금까지 쏟아온 노력과 과거의 시간은 사라진다. 시간과 많은 자원을 쏟아 넣은 인간관계는 아무리 절망적이라도 쉽게 끝내지 못한다. 매몰 비용 오류sunk cost fallacy가 작동하기 때문이다.

부부 관계나 연인 관계를 유지하는 데 결정적인 기여를 하는 것은 긍정적 환상, 소위 말하는 '콩깍지'다. 학대를 받으면서도

관계의 올가미에서 벗어나지 못하는 사람은 배우자의 부정적 특성은 과소평가하고 긍정적 특성은 과대평가한다. "술은 마시지만, 깨고 나면 착한 사람"이라거나 "폭력적이지만 사회적으로 인정받는 사람"이라고 인지를 왜곡한다. 이런 아내는 끝까지 '내 사랑으로 남편을 바꿀 수 있다'는 믿음을 버리지 않는다.

흔히 대선을 리더(지도자)를 뽑는 선거라고 하지만 이 또한 적절한 말은 아니다.……우리와 함께 새 길을 떠날 수 있는 동반자를 선택하는 날이다.[2]

국회의원이나 대통령을 뽑을 때 지도자를 찾는 일이라기보다는 애인이나 배우자를 고르는 일이라고 여겨보면 어떨까? 선거는 리더를 뽑는 것이 아니라, 동반자를 선택하는 일이라고 말이다. 세상이 지금과는 달라져야 하고 개혁이 필요하다면, 과거의 관계를 청산하고 새로운 배우자를 찾아나서는 것이 답이다. 기존의 배우자를 뜯어고치겠다고, 인도의 바르가바 내무장관이 추천했던 것처럼 방망이를 휘두른다고 해결되지 않는다.

알코올에 절어 폭력을 휘두르는 습성을 애정만으로 변화시킬 수 없다.

예전에 선택했던 정치인에게 당하고도 또다시 습관적으로 비슷한 정치인에게 투표했다면, 이혼이 답인데도 폭력 남편과 관계를 끊어버리지 못하고 매 맞으며 사는 아내의 심리를 떠올려보기 바란다. 그놈이 그놈이라는 생각으로 대안을 찾으려는 노력조차 하지 않은 것은 아닌지 말이다. 새로운 사람을 찾아도 또 당하고 말 것이라는 생각에 변화에 대한 기대조차 버린 것은 아닌지 자신을 돌아봐라. 지금까지 한 정파를 응원하며 투자했던 시간과 노력이 아까워서 무능해도 참고 견디는 것일 수도 있으니까.

정치인 물갈이는 유권자의 자존감이 높아지면 해결될 수 있는 문제다. 자신을 진정으로 사랑하는 사람이라면, 잘못 뽑은 정치 동반자를 단호하게 갈아치운다. 건강한 자존감을 가진 사람은 함부로 사람을 고르지 않는다. "나처럼 괜찮은 사람이라면 정치인도 내 수준에 맞는 사람을 뽑아야지"라며 신중해진다. 폭력 남편이 "술김에 실수했다. 잘못했다. 다시는 그러지 않겠다"라고 용서를 구해도 달라지지 않는 것처럼, 한 번 배신한 정치인은 또다시 배신한다. "이번은 달라질 테니, 나를 계속 지

지해달라"는 선거 구호에 속지 않는다. 관계에 투자한 자원이
아까워도 과감히 청산할 줄 안다.

자괴감은 어디에서 오는가?

무엇으로도 국민 마음을 달래드리기 어렵다는 생각을 하면

'내가 이러려고 대통령을 했나' 하는 자괴감이 들 정도로 괴롭

기만 합니다.

- 박근혜 대통령, 2016년 11월 4일 대국민 담화.

2016년 최고의 유행어가 '자괴감'이라는 데 대한민국 국민

이라면 누구나 동의할 것이다. 정치인부터 초등학생까지 자괴

감이라는 단어를 넣어 한두 문장 안 만들어본 사람이 없을 테

니 말이다. 유명 개그맨이 "누구보다 못 웃겨서 자괴감이 든다"

라고 할 정도였으니, 자괴감이라는 단어에 연예 대상이라도 주어야 할 것 같다.

박근혜 전 대통령은 왜 하필 그 상황에서 '자괴감'이라는 단어를 썼을까? 그녀의 내재적 관점에서 보면, 심정적으로 괴로웠으니 자괴감이라는 표현이 적절했다고 받아들일 수도 있다. 그런데 심적 괴로움을 표현하는 많은 단어 중에서 왜 하필 자괴감이었을까? 박근혜 전 대통령이 유행시키기 전까지는 흔히 쓰는 말도 아니었는데 말이다.

온갖 전문가가 나와서 '자괴감'이라는 단어를 두고 이러쿵저러쿵 한두 마디씩 충분히 했으니, 무슨 분석이 더 필요할까 싶기도 하지만, 내 나름으로 하나만 덧붙이고 싶다. 잘 알고 있겠지만 자괴감은 '스스로를 부끄러워하는 마음'이다. 영어로는 'sense of shame'이다. 자괴감은 수치심과 상응한다. 수치심 shame은 죄책감guilt과는 다르다. 이 둘을 비슷하다고 느끼고 일상에서 혼용하기도 하지만 분명한 차이가 있다. 죄책감을 느껴도 괴롭고, 수치심을 느껴도 괴롭지만 괴로움의 근원은 다르다.

죄책감은 도덕 규범을 위반했을 때 따라붙는 감정이다. 죄책감을 느끼려면 자신이 규범을 어겼다는 점을 인식해야 한다. 실제로는 잘못이 없더라도 무엇인가 잘못한 것이 있다는 믿음만으로도 죄책감이 유발된다. '잘못했다는 인식이 없으면' 죄책감도 없다. "나는 도덕적으로 결백하다"는 강한 믿음이 정신세계를 지배하고 있다면 죄책감은 생기지 않는다. 죄책감은 자기 행동이 도덕적 가치에서 벗어났다는 인식을 전제한다. 우울증 환자는 잘못한 것이 전혀 없어도 죄책감을 느낀다. 실제로 잘못을 저질렀는지와 상관없이, 자신이 잘못했다는 믿음이 마음을 지배하고 있기 때문이다. 우울증이 생기면 죄책감이 따라오고, 죄책감이 우울증을 악화시킨다. 죄책감과 우울은 항상 짝을 이룬다.

수치심은 자신의 개인적 이상에 맞게 행동하지 못했을 때 따라오는 감정이다. 자기 내부의 기준에 도달하지 못했기 때문에 느끼게 된다. 개인의 도덕성이나 능력과 상관있기도 하지만, 꼭 그런 것은 아니다. "내가 잘못한 것이 있을 수도 있지만, 그것보다 어찌 되었건 스타일이 구겨져서 부끄러워 못 견디겠다"라

고 할 때 느끼는 감정이 수치심이다. 다른 비유를 하자면 '나는 엘레강스하고, 차밍하고, 위엄 있는 사람이어야 한다'는 자아 이상을 갖고 있던 사람이, 어느 날 화장이 잘 먹지 않은 얼굴에 헤어스타일까지 부스스한 채 모습을 드러내보여야 할 때 느끼는 감정이라고 할 수 있다. 다시 말해 수치심은 남에게 보여주고 싶은 자신의 모습이 있는데, 그대로 되지 않을 때 느끼는 괴로움이다.

죄책감은 개인에게 괴로움을 안겨주지만, 사회적으로는 유익한 감정이다. 죄책감에서 비롯된 괴로움에서 벗어나는 길은 죄를 반성하고, 용서를 구하고, 다음에는 이런 잘못이 없을 것이라고 공개적으로 선언하는 것이다. 공적으로 죄를 씻어내면 죄책감은 해소된다. 인간은 죄책감 때문에 도덕적으로 옳은 행동을 하려고 애를 쓰게 된다. 비록 잘못했더라도, 죄책감에 시달리며 괴로워하는 사람을 보면 그를 동정하고 용서하게 된다. 죄책감은 궁극적으로 사회적 결속을 강화한다. 죄책감은 친사회적 감정이다.

죄책감에 비해 수치심은 스스로 극복하기 어렵다. 자아 이상에서 벗어나 괴로운 것은 공개적으로 용서를 구한다고 사라지지 않는다. 그래서 수치심 때문에 괴로운 사람은 세상에 자기 모습을 드러내지 않고 숨어버린다. 수치심을 자극했던 행위를 철저하게 숨기려 한다. 드러내보았자 마음이 편해지기는커녕, 더 괴로워지기 때문이다. 하지만 아무리 행위를 감추고 자신을 유폐해도 수치심은 사라지지 않는다. 종국에는 "나는 부끄러워할 만한 일은 하지 않았다"라며 자기를 속인다. 그래야 마음이 편해지기 때문이다.

수치심에 휩싸여 있는 사람은 타인의 비난을 견디지 못한다. "그렇지 않아도 괴로운데, 왜 또 나에게 상처를 주느냐!"라고 분노한다. 수치심을 느끼는 사람을 비난하면 화를 내며 복수하겠다고 달려든다. 타인을 향해 분노하면 자신의 부끄러움도 감출 수 있고, 자괴감에서도 벗어날 수 있기 때문이다. '내가 이렇게 된 것은 내 잘못이 아니고 다 저 사람들 때문이다'라고 믿으면 마음도 한결 편해진다. 분노가 커질수록 자괴감은 줄어든다. 그래서 수치심은 분노와 짝이 되어 붙어 다닌다.

박근혜 전 대통령이 '자괴감'이라는 말을 쓸 때, 그 단어를 직접 골랐는지 아니면 누군가 골라주었는지 모르겠지만, 자괴감은 당시 박근혜 대통령의 솔직한 심정을 적확하게 반영한 단어가 분명하다. 다시 한 번 생각해보자. "'내가 이러려고 대통령을 했나' 하는 자괴감이 들 정도로 괴롭기만 합니다"라고 말했을 때, 자괴감이 든 것은 죄책감 때문이었을까, 아니면 수치심 때문이었을까? 이 말을 하고 난 뒤의 행동을 보면, 죄책감이 아니라 수치심 때문에 괴로웠다는 것을 알 수 있다. 죄책감을 어느 정도 느꼈을 수도 있지만, 수치심보다는 강하지 않았을 것이다. 이렇게 보면 자괴감이(죄책감보다) 수치심에 잘 대응한다는 것도 분명해진다. 그리고 그 이후, 박근혜 전 대통령이 어떤 기분일지도 유추해볼 수 있다. 죄책감에 시달렸다면, 우울함에 휩싸였을 것이다. 수치심 때문에 괴로웠다면 "피눈물을 흘리며" 분노했을 것이다.

part3

이 어지러운 세상에서 살아가려면

예술인가, 흉물인가

시각이 인간을 지배한다. 무엇을 보는지가 신체 건강에 중요하다. 시각 이미지는 정서를 자극하고, 혈압과 심박동을 변화시킨다. 자연 풍경이 보이는 병실에 입원한 환자는 벽만 보이는 병실에 입원한 환자보다 수술 후 회복 기간도 짧고 통증도 덜 느낀다.[1] 이 연구를 주도한 텍사스대학의 로저 울리히Roger Ulrich 교수는 우리를 둘러싼 환경이 건강에 어떤 영향을 미치는지 조사해왔다.

울리히 교수에 따르면 어떤 종류의 미술품을 감상하느냐에 따라 스트레스와 우울감 수준이 변화한다. 스트레스에 시달리는 사람이나 우울증 환자는 추상적·초현실적이거나 다양한 해석이 가능한 작품보다 자연을 사실적으로 그린 작품을 감상하는 것이 정신 건강에 좋다. 이 결과는 후속 연구들을 통해 반복해서 확인되었다.[2]

사람들은 천성적으로 듬성듬성 흩어진 수풀이나 가지가 넓고 낮게 우거지고 몸통이 굵은 나무를 선호한다. 아프리카에 흔한 아카시아와 생김새가 비슷한 나무를 좋아한다. 이런 풍경을 선호하는 현상을 '사바나 가설'이라고 한다. 인간은 본능적으로 인류의 조상이 거주하던 아프리카 동부와 같은 자연환경에 이끌린다는 것이다.[3]

노을과 숲 같은 아름다운 풍경을 보면 엔도르핀이 뇌에서 분비되면서 긍정적 정서를 느낀다. 자연을 실제로 보지 않더라도, 사실적으로 자연을 묘사한 미술 작품을 감상해도 같은 효과를 얻는다. 자연이나 자연을 모방한 환경에 잠깐(3~5분)만 노출되어도 스트레스가 의미 있게 준다.[4]

서울로7017 개장이 3일 앞으로 다가오면서 서울로7017에서 서울역 광장까지 설치된 〈슈즈 트리(신발 나무)〉가 논란을 일으키고 있다. 슈즈 트리는 높이 17미터, 너비 10미터, 길이 100미터 규모로 설치되는 미술 작품이다. 한 달 전부터 3만 켤레의 신발과 폐타이어 등을 하나로 엮어 거대한 더미를 이룬 모습으로 설치되기 시작했다. 이를 보고 여러 언론 매체와 인터넷 게시판 등에서 "흉물스럽다"거나 "넝마 · 쓰레기 더미 같다"는 혹평들이 쏟아졌다.[5]

2017년 옛 서울역 고가에 서울로7017이라는 보행로가 조성되면서 버려진 신발과 타이어를 사용한 〈슈즈 트리〉라는 거대한 작품이 설치되었다. 9일이라는 짧은 기간 동안 설치되었다가 사라졌지만 〈슈즈 트리〉를 두고 벌어진 논쟁은 뜨거웠다. 작가가 들으면 상처를 받았을 법한 "〈슈즈 트리〉가 과연 예술이냐 아니냐"라는 미학적 논쟁부터, 불과 9일 동안 전시하는 데 시비市費 1억 3,900만 원이 들었고 서울시가 선언했던 공공미술프로젝트와 어긋난다는 행정 논쟁까지 일었다.

이 작품을 두고 "미적 장場을 위반해 흉물 논란의 대상이 되었지만, 도리어 이것이 위반의 미학이라는 매력 요소를 불러일으켰으니 실패한 공공 미술이자 성공한 현대미술"이라는 주장까지 나왔다.[6] 나는 미학에 식견이 없지만 "예술은 지들만 하나. 나도 눈 달렸다"[7]라는 신문 기사를 보고 '나도 한마디 해도 되겠다'는 자신감을 얻었다.

미술에 꼭 무슨 효과가 있어야 하는 것은 아니다. 실용적 가치와 무관하게 미술은 세상에 반드시 존재해야 한다. 불편한 감정을 불러일으키는 작품도 감동을 줄 수 있으니, 즉각적인 호오好惡로 가치를 판단해도 안 된다. 미술이 꼭 아름다워야 한다고도 생각하지 않는다. 세상에는 시각적으로 아름답지 않은 미술이 차고 넘친다.

실용적이지도 않고, 아름답지도 않고, 보고 있으면 불쾌한 감정만 든다면, 미술의 존재 이유를 어디에서 찾아야 할까? 그런 작품이라도 의미 있는 메시지를 전달한다면 가치 있는 것일까? 작품 의도가 좋다면 시각적으로(혹은 후각적으로) 불쾌해도 관용해야 하는 것일까? 작가가 좋은 의도로 만든 것인데 우리가 그것을 제대로 받아들이지 못했다면, 자신의 무지와 편견 때문이니 자신을 되돌아보고 반성해야 하는 것일까?

예술이 꼭 어떤 역할을 해야 할 필요는 없지만, 그래도 나와 같은 보통 사람들은 예술이 삶에 아주 작은 기여라도 해주기를 바란다. 우울한 사람은 미술 작품을 감상한 뒤에 조금이라도 마음이 홀가분해지기를 기대한다. 에너지를 잃은 사람은 열정을 되찾기를 바란다. 혼돈에 빠져 허우적대는 사람은 미술에서 평온과 조화를 얻고 싶어 한다. 사는 것이 허무하다고 느끼는 사람이 미술 작품을 감상하고 삶의 의미를 찾을 수도 있다. 미술 전문가가 아닌, 나처럼 평범한 사람은 이런 바람을 품고 전시회에 간다. 심리적으로 보면, 미술은 결코 무용할 수 없다. 미술 작품은 우리 마음을 좋은 쪽으로든 나쁜 쪽으로든 밀어붙인다.

미술의 진정한 가치는 인간의 정신을 건강하게 만드는 데 있다고 나는 믿는다. 미술을 감상하는 것은 심리 치료를 받는 것과 다르지 않다. 나약해서 쉽게 쓰러질 수밖에 없는 인간을 다독여 일으켜주는 것이 미술이다. 미술은 우리의 영혼을 어루만져준다. 나는 이렇게 말한 적이 있다.

미술은 삶의 본질에 대한 질문을 던져줍니다. 미술은 사람

과 인생의 문제에 대한 해답을 그 속에 품고 있습니다. 이런 거창한 것이 아니더라도, 일상에서 부딪히는 소소한 어려움과 갈등을 풀 수 있는 '스킬'이 그 속에 숨겨진 경우도 있습니다. 스트레스 받고, 지치고 힘들어서 잊고 있었던 인생에서 가장 소중한 것들을 다시 일깨워주기도 합니다. 미술의 이런 역할은, 정신과 의사로서 제가 매일매일 하고 있는 작업과 별반 다르지 않습니다.[8]

불안장애나 우울장애 같은 정신 질환의 유병률은 시골보다 도시가 높다. 대도시에 사는 사람의 편도체 활성도는 작은 도시나 시골에 사는 사람보다 높다. 편도체는 정서적 사건, 특히 위협적인 사건에 반응한다. 대도시에 거주하는 사람은 불안에 자주 노출되어서 편도체가 과도하게 민감해진 것이다. "우리가 아름다운 것들에 가장 민감하게 반응하는 것은 우리 인생이 여러 가지 문제로 가장 심각할 때일지도 모른다."[9] 사람들이 아름다운 예술 작품에 갈망을 느낄 때는 지금 당장 살아내야 하는 현실이 답답하고, 힘들고, 슬픈 순간이다. 시간과 에너지를 써가며 예술을 감상하는 것은, 현실이 우리가 간절히 원하는 것을 도저히 채워줄 수 없기 때문이다.

팍팍한 세상을 견뎌내는 동안 일그러진 감성을 되살리려면 예술을 곁에 두고 살아야 한다. 해마다 우울증 환자가 늘어나고 자살률이 치솟는다면 정신 건강 전문가도 많아져야겠지만, 그만큼 예술 작품과 예술가도 필요하다. 누구나 부담 없이 예술을 가까이 두고 살아갈 수 있다면 정신 건강 전문가가 할 일도 줄어들 것이다. 건강보험료만 잔뜩 거두어갈 것이 아니라, 예술에 더 많은 돈을 쓴다면 국민의 정신 건강이 지금보다 훨씬 나아질 것이 분명하다.

작품을 좋아하거나 싫어할 수 있고, 그 감정을 자유로이 표현할 수도 있다. 하지만 그것이 온당한 '비평'이 되려면, 그 즉발적 감정을 합리적인 논리와 근거로 뒷받침해야 한다. 〈슈즈 트리〉를 혐오하는 이들 역시 제 판단을 뒷받침하기 위해 근거를 들기는 했다. 하지만 그 근거들이 미학 전공자인 내 귀에 그리 합리적으로 들리지는 않는다. 언뜻 살펴보니 그들의 주장에는 크게 세 가지 편견이 엿보인다.[10]

미술 작품이 이왕이면 시각적으로나 후각적으로 자신의 감각과 충돌을 일으키지 않기를 바라는 보통 사람의 바람이 편견이라면, 편견이라고도 할 수 있겠다. 무엇인가를 아름답게 지각하는 것도 개인의 편견에 기초한다. 과연 누가 일말의 편견도 없이 완전히 자유롭게 미술을 감상할 수 있을까? 미술을 감상할 때, 그 작품이 촉발하는 개인적인 이야기와 함께 작품을 읽어들인다. 과거의 기억, 현재의 감정, 미래에 대한 조망이 투사된 작품을 보고 느끼고 해석한다. 이 모든 것이 미술을 있는 그대로 바라보지 못하게 만드는 편견이라면 편견이지만, 미학 전공자를 비롯해 예술을 감상하는 사람은 누구나 자신의 편견에 묶여 있을 수밖에 없다.

나는 미학 전공자도 아니고, 예술에 문외한이라서 〈슈즈 트리〉에 합리적 비판을 내놓지는 못할 것 같다. 혐오스럽고, 정신건강에 딱히 도움이 되지 않을 것 같은데, 이 느낌을 미학이라는 관점에서 설명할 자신은 없다. 하지만 〈슈즈 트리〉에 대한 논란이 대중의 편견에서 비롯된 것이라는 진중권 교수의 설명은 받아들일 수 없다. 그는 "나를 슬프게 하는 것은 제 마음에 안 든다고 그 며칠을 못 참아주는 이 사회의 불관용이다"라고 했지만, 그렇지 않아도 온갖 더러운 꼴을 보고 살아야 하는 도시인에게 불쾌한 예술마저 받아들이라고 강요한다면, 그게 더 슬픈 일이 아닐까.

〈슈즈 트리〉가 훌륭한 작품이라면, 사람들이 미술 작품에 투사하는 부정적 편견을 견뎌낼 내적 가치가 있어야 한다. 대중의 편견을 뚫고 재료 · 형태 · 색채로 미술이 전하고자 한 메시지를 체현해야 훌륭한 작품이다. 미학자가 그렇다고 하니, 〈슈즈 트리〉가 예술인 것은 틀림없겠지만, 공공의 공간에 전시될 만한 괜찮은 예술로 받아들여지지는 않는다.

자살은 전염된다

김현철 전문의는 19일 자신의 트위터에 '고故 종현, 의사가 우울증에 성격 탓해'라는 제목의 기사를 링크했다.······그는 "저는 그 주치의를 제 동료로 인정할 수 없습니다. '운동해라', '햇빛 쬐라'에 이어 최악의 트라우마입니다"라는 글을 남겼다. 또 "이럴 때는 또 학회 차원의 공식 입장을 발표하지 않습니다"라고 지적했다.[1]

2017년 말, 한 유명(?) 정신과 전문의가 '운동해라', '햇볕 쬐라'는 말이 '트라우마'라고 했다. 정신과 의사가 환자에게 운동하라고 조언한 것을 두고 트라우마라고 하다니, 그가 말을 조금 가려서 했으면 좋겠다는 생각이 들었다. 나는 마음보다 몸을 먼저 챙겨야 하고, 정신 건강 증진을 위해서도 운동은 기본이라고 믿는다. 어떤 때는 과하다 싶을 정도로 운동을 강조한다. 운동이 우울증을 예방할 뿐 아니라, 치료에도 효과적이라는 것이 많은 연구로 입증되었기 때문이다. 운동은 경도의 우울장애에 항우울제만큼 효과적이라는 것이 널리 알려진 사실이다. 운동은 약보다 부작용이 적고, 돈도 들지 않으니 정신 질환 예방에 이만한 것이 없다. 대중을 위한 정신 건강 증진법의 핵심에는 언제나 운동이 있다.

죽을 만큼 우울하다는 사람에게 운동하라고 말하기는 어렵지만 그래도 운동하지 않는 것보다는 하는 것이 낫다. 의사들은 환자에게 '활동 과제'라는 이름으로 운동을 처방한다. 다만 운동을 강요하거나 환자가 내키지 않아 하는데 억지로 조언하거나, 이를 따르지 않는다고 비난해서는 곤란하다. 환자와의 관계가 잘 맺어져 있다면 어떤 조언을 해도 문제없지만, 그렇지 않다면 아무리 좋은 상담이라도 효과가 없다. 운동 처방도 마찬가지다. 의사와 훌륭한 신뢰 관계를 맺은 환자는 운동하라는 의사의 권고를 지키려고 노력하겠지만, 의사-환자 관계가 좋지 않으면 꼭 필요한 조언도 부정적으로 받아들이게 된다.

운동하라는 조언을 트라우마라고 단정한 것은 잘못이다. 다만 유명 연예인 환자와 그의 주치의 사이에 라포르rapport가 어떠했는지 알 수 없으므로, 어떤 치료가 최선이었을지는 그 누구도 정확히 알 수 없다.

진료하던 환자가 자살로 생을 마친 사례를 정신과 의사라면 어쩔 수 없이 경험하게 된다. 아무리 능력이 뛰어나고 열심히 진료하는 의사라도 모든 환자가 좋아지는 것은 아니며, 환자와의 관계도 언제나 긍정적일 수만은 없다. 나름 최선을 다했지만 "의사가 내 마음을 이해해주지 않는다"는 환자의 원망을 듣게 될 때가 있다. 정신과 의사 그 누구도 이런 사례에서 자유롭지 않다. 그런 상황을 만들지 않아야 의사 동료로 인정받을 수 있다면(꼭 특정 의사에게 인정받을 필요는 없지만), 이 세상의 정신과 의사들은 언젠가 모두 서로에게 등을 돌릴 수밖에 없을 것이다.

무엇보다 정신과 의사가 나서서 유명인의 자살을 두고 이러쿵저러쿵 소란을 피우는 것 자체가 문제다. 이런 논쟁 때문에 '베르테르 효과'로 자살률이 더 높아지지 않을까 걱정되기 때문이다.

자살은 전염된다. 다른 질환과 달리 자살은 그것에 관한 이야기가 언론을 통해 대중에게 보도됨으로써 집단으로 전파된다. 언론의 자살 사건 보도가 자살률 증가와 연이은 모방 자살copycat suicide 사이에 일정한 관련성이 있다는 것이 다수의 연구로 확인되었다. 메릴린 먼로Marilyn Monroe가 자살로 사망한 1962년 8월, 그달에만 303건의 잇따른 자살이 있었는데, 이 수치는 그 전달에 비교해 12퍼센트 증가한 것이었다. 2003년 홍콩 영화배우 장궈룽張國榮(장국영)이 자살로 사망한 직후 2001년과 2002년 같은 기간과 비교했을 때 한 달 동안 자살 위험도가 28퍼센트 증가했다.[2] 주목해야 할 점은 유명 연예인이 자살을 시도한 것과 같은 유형의 자살 방법, 그리고 연예인과 같은 연령대와 성별에서 자살 위험도가 높아졌다는 것이다.

인기 아이돌 그룹 '샤이니'의 멤버 종현이 사망했다는 비보가 전해진 후 각종 포털사이트 실시간 검색어 순위에 '베르테르 효과'가 올랐다. '베르테르 효과'는 유명인의 자살이 일반인들 사이에 모방 자살로 이어지는 현상을 말한다.……이는 통계적으로 입증됐다. 자살예방협회에 따르면 지난 2008년 '국민배우' 고 최진실 씨가 숨진 다음 날 자살자 수는 78명에 달했고 5일째 되는 날에는 90명 가까이 목숨을 끊었다. 당시 국내 하루 평균 자살자 수는 30명 안팎이었다. 최진실 씨가 자살한 후 2달 동안 국내 자살자는 3,081명으로 전년도 같은 기간(1,807명)보다 1,274명 증가했다. 이은주 씨(2005년 2월) 자살 후 2달 간 자살자 수는 전년도 같은 기간에 비해 414명(2,154→2,568명) 늘었고, 유니 씨(2007년 1월) 508명(1,822→2,330명) 증가, 정다빈 씨(2007년 2월) 312명(1,992→2,304명) 증가, 안재환 씨(2008년 9월) 사망 후에는 915명(1,961→2,876명)이 증가했다.[3]

현실에서 위기 상황에 처했거나 심리적 고통을 겪고 있는 사람은 유명인의 자살 보도에 더 취약하다. 사회 분위기가 침체된 상황(높은 실업률과 이혼율, 사회적 혼란 등)에서는 미디어의 자살 보도가 끼치는 부정적 영향이 더 크다.

청소년은 성인보다 자살 보도에 민감하게 반응한다. 우리나라 청소년 자살률은 세계 1위다. 청소년 사망 원인 1위도 자살이다. 하루에 1명의 청소년이 자살로 사망한다. 청소년 10명 중 1명(정확히는 8.8퍼센트)은 자살을 생각한다. 연예인이나 유명 인사의 자살은 정서적으로 취약한 청소년의 모방 자살 위험을 키운다. 텔레비전을 많이 보거나, 과거에 자살 시도 경험이 있거나, 우울 증상이 있는 청소년은 유명인의 자살이 보도되었을 때 부정 정서 전염과 자살 시도 위험이 커진다. 교우 관계 문제, 가정불화로 정서적 지지 체계가 제 역할을 하지 못할 때 자살 위험은 더 높다.

자살 사건이 미디어를 통해 널리 알려질수록, 자살이 낭만적으로 묘사될수록 모방 자살이 늘어난다. 매들린 S. 굴드Madelyn S. Gould와 데이비드 섀퍼David Shaffer는 자살이 묘사된 텔레비전 드라마 3편이 방영된 후의 자살률 변화를 분석했다. 자살 사건 이후에 슬픔에 빠진 가족 이야기가 중심인 드라마에 비해, 자살로 죽은 사람에 초점 맞춘 2편의 드라마가 방영된 후에는 자살률이 더 높았다.[4] 자살을 미화하거나, 자살로 사망한 사람을 영웅시하는 보도는 자살 행동 확산에 심각한 영향을 미친다. 자살 위험성이 높은 사람이 자살을 긍정적으로 인식하게 해서 자살 억제 충동을 약화시킨다. 자살 보도가 자살 사고를 행동화하도록 촉발하는 것이다.

록그룹 너바나의 리드 싱어 커트 코베인Kurt Cobain은 1994년 권총 자살로 사망했다. 호주에서 그의 자살에 대한 언론 보도가 젊은이들에게 미친 영향을 연구했다. 코베인의 자살은 모방 자살을 유발할 만한 요소가 충분했다. 자살 당사자가 유명 록그룹의 리더였고, 언론에서 대대적으로 그의 사망 사건을 다루었기 때문이다. 예상과 달리 그가 사망한 후의 자살률은 전해에 비해 높지 않았다. 모방 자살도 증가하지 않았다. 그 이유는 코베인의 부인 코트니 러브Courtney Love의 적절한 대처 때문으로 판단되었다.[5]

그녀는 남편의 죽음을 낭만적으로 덧칠하지 않았다. 자살에 대해 부정적 견해를 선명하게 피력했다. 코베인에게 약물 중독 문제가 있었으며, 자살을 시도한 전력이 있다는 것을 대중에게 알림으로써 유명 록 스타의 죽음을 무미건조하게 만들었다.

언론 종사자라면 다 아는 내용이겠지만 자살 사건 보도에는 다음과 같은 원칙이 지켜져야 한다. ① 자살자와 유족의 사생활이 침해되지 않도록 주의를 기울인다. ② 자살자의 이름과 사진, 자살 장소와 방법, 자살에 이르게 된 자세한 경위를 묘사하지 않는다. ③ 충분하지 않은 정보로 자살 동기를 판단하는 보도를 하거나, 자살 동기를 단정적으로 보도하지 않는다. ④ 자살을 영웅시 혹은 미화하거나 삶의 고통을 해결하는 방법으로 오해하도록 보도하지 않는다. ⑤ 자살 현상을 보도할 때는 확실한 자료와 출처를 인용하고 통계 수치를 주의 깊고 정확하게 해석한다. ⑥ 흥미를 유발하는 수단이나 속보나 특종 경쟁의 수단으로 자살 사건을 다루지 않는다.

언론이 자살 사건을 다룰 때 적극적이고 구체적으로 알려야 할 것이 있다. 생명 존중과 보호에 대한 정보를 함께 보도해야 한다. 자살 행위가 아니라 자살 예방에 초점을 맞추어야 한다. 자살의 가장 큰 원인인 우울증의 진단과 치료를 함께 다루어야 한다. 남겨진 가족과 친구들이 겪어야 하는 고통과 유명인의 자살로 인해 사회가 짊어져야 하는 정신적 트라우마에 대해서도 알려야 한다. 치료를 받고 자살 위기를 넘긴 사례도 함께 전달해야 한다.

인도네시아 국적의 샤이니 팬 데비는 지난 18일 자신의 트위터 계정에 영어와 한글로 올린 글에서 "더는 견딜 수 없다.

엄마, 아빠, 종현 오빠, 곧 따라갈 거야. 나를 기다려줘"라고
말했다. 이에 앞서 이 여성은 "부모님에 이어 아이돌까지 잃
은 이상 삶을 포기해야 할까"라는 글을 올렸다. 현지 케이팝
팬클럽 회원들에 따르면 그 직후 데비는 약물 과다 복용으로
쓰러진 채 발견돼 인근 병원으로 옮겨져 치료받았다.……인도
네시아 언론은 "종현의 죽음에 식음을 전폐하고 오열하던 여
성 팬이 탈진해 쓰러지는 등의 사례가 나타났다"고 보도했다.[6]

전염병은 접촉으로 전파되고 자살은 언론 보도로 전염된다.
미디어에 의한 자살의 사회적 전파력은 다른 어떤 질환의 전염
성에 뒤지지 않는다. 자살 예방은 의료 영역에만 국한된 것이
아니다. 자살 전파 가능성, 특히 청소년이나 취약 계층에 전파
될 가능성을 차단하는 데 주의를 기울여야 한다. 한 사람의 비
극이 다른 사람의 죽음으로 이어지지 않도록 언론이 제 역할을
해야 한다.

공공 보건을 위해서는 모방 위험이 높은 자살에 대해서는 차
라리 보도하지 않는 것이 낫다. 자살의 전염에 관한 한 연구 결
과를 보면 신문사 파업 기간에 자살률이 낮아졌다고 한다.[7] 알
권리도 중요하지만 알 권리로 대중이 더 우울해지고 자살이 전

염된다면, 유명인의 죽음에 소란을 피우며 세상 사람의 말을 실어나르기보다 조용하게 고인을 떠나보내야 하는 것이 아닐까? 그가 사랑했던 팬들의 마음을 더 다치지 않게 하기 위해서라도 자살에 대해서는 침묵하는 편이 낫다.

가짜 뉴스에 속고 싶은 마음

거짓말이 판치는 것은 그만큼 거짓말에 속는 사람도 많다는 뜻이다. 거짓말은 속는 사람과 속이는 사람이 한마음이 되어야 성립한다. 정교한 거짓말도 그것을 진실로 받아들이는 사람이 없으면 힘을 잃는다. 가짜 뉴스도 마찬가지다. 거짓을 사실처럼 생산하는 사람과 그것을 소비하는 사람이 있기 때문에 가짜 뉴스가 존재할 수 있다. 가짜 뉴스가 범람하는 원인은 공급자뿐 아니라 그것에 휘둘리는 개인의 심리에서도 찾을 수 있다.

전문가들은 사람들이 가짜 뉴스를 찾는 이유를 '확증 편향'

으로 설명한다. 확증 편향은 자신의 주장과 일치하는 정보는 받아들이고 그렇지 않은 정보는 무시하는 경향을 말한다. 황용석 건국대 미디어커뮤니케이션학과 교수는 "뉴스를 소비할 때 사람이 지니는 주목의 양은 한정적인 데 비해 정보는 너무 많기 때문에 자신과 유사한 의견을 보여주는 뉴스를 선택할 경우가 많다"며 "자신의 정치 성향과 유사한 소식을 원하다 보니 가짜 뉴스를 찾게 되는 것"이라고 말했다.[1]

사람은 자기 머릿속 생각들이 일관된 맥락에 따라 설명되는 것을 좋아한다. 인지 조화를 원하는 것이다. 인지 부조화 상태를 견디기 힘들어한다. 조화를 이루려는 동기가 워낙 강해서 새로운 정보의 수용 여부는 '그것이 사실이냐, 아니냐'보다 '기존의 신념과 조화를 이루느냐'에 따라 결정된다. 수동적으로 걸러내는 정도가 아니라, 마음에 뿌리내린 신념이 그것에 동조하는 정보를 자석처럼 끌어당긴다. 그렇게 당겨진 정보는 정확하고 신뢰할 만하다고 평가한다. 그렇지 않은 것은 믿을 수 없다며 튕겨낸다. 이렇게 유지된 신념은 또다시 그 신념을 옹호하는 정보를 향해 주파수를 맞추고 끌어당긴다. 이 과정을 반복하다 보면 마음에서는 가짜가 진짜가 되고 기존 신념은 더

견고해진다.

가짜 뉴스라고 이름 붙여서 그렇지 과거에도 비슷한 현상은
존재했다. 이전에는 루머라고 부르기도 했고, 음모라는 이름으
로 사람들의 입을 타고 확산되기도 했다. 지라시라는 형태의
가짜 뉴스도 있다(물론 지라시에 사실이 담겨 있는 경우도 있다).
가짜 뉴스는 저널리즘 역사의 한 부분이다. 1835년 『뉴욕 선
New York Sun』의 '거대한 달 날조 사건the great moon hoax'이 그 원조
로 일컬어진다.

『뉴욕 선』이 창간 2년 무렵인 1835년 8월 21일 평범한 기
사 하나를 싣는다. 존 허셜John Herschel 경이라는 영국 귀족이
남아프리카 희망봉에서 최신형 대형 망원경으로 '매우 아름다
운 천문학적 발견'을 했다는 영국 신문 기사를 인용한 보도다.
그런데 이렇게 시작된 보도는 며칠 뒤 "허셜 경이 큰 산과 초
목이 무성한 숲, 그리고 뿔을 가진 네발짐승의 모습을 한 생명
체를 발견했다"는 내용으로 확대된다.……뉴욕의 다른 신문

○○일보

존 허셜 (John Herschel) 경이라는 귀족이
남아프리카 희망봉에서 최산형·대형 망원경으로
'매우 아름다운 천문학적 발견'을 했다
허셜 경이 큰 산과 초목이 무성한 숲, 그리고
뿔을 가진 네발짐승의

들은 이 기사들을 '퍼 나르기'에 바빴다.[2]

가짜 뉴스의 역사가 오래된 것처럼, 이런 심리 기제도 새로 생겨난 것이 아니다. 예전부터 사람들은 자신의 정치적 견해와 일치하는 뉴스는 신뢰하고, 그렇지 않으면 믿을 수 없다고 치부해왔다. 그렇지만 가짜 뉴스와 전쟁을 선포하겠다고 할 정도는 아니었다. 최근 들어 가짜 뉴스가 더 문제되는 이유를 확증 편향이나 인지 부조화만으로 설명할 수 없다.

가짜 뉴스의 영향력이 커진 것은 대중 감정 때문이다. 감정은 정보 판단을 왜곡한다. 특히 분노가 그렇다. 분노는 자신이 추구하는 선한 목적을 방해하고 좌절시키는 외부 자극에 대응해서 나타나는 감정이다. 분노에 찬 사람은 자기 견해를 지지하는 정보를 제대로 평가하지 않고 쉽게 받아들인다. 사람들은 자신이 느끼는 분노의 정당성을 강화하기 위해 자기 입장에 반대되는 정보는 거부하고 방어적인 태도를 취한다.[3] 분노라는 감정은 한 개인이 가진 정치 성향과 상반되는 정보를 찾아서 참조하려는 동기를 약화시킨다. 정치적 신념과 분노가 합쳐지면 뉴스의 정확성을 평가하려는 의지가 약해진다. 잘못된 정보라도 사실로 믿고 수용하려는 경향이 커진다. 분노가 가짜 뉴스의 파급력을 강화시키는 것이다.

감정은 뉴스의 진실성 여부를 판단할 때 어떻게 작용할까? 미시간대학에서 2015년에 시행한 연구를 보자.[4] 피험자들의 정치 성향을 파악한 뒤, 이민법 개혁 또는 사형 제도와 관련한 글을 쓰게 했다. 각자의 정치 성향에 따라 분노 또는 불안이 유발되는 글을 쓰게 했다. 피험자의 감정을 유도하기 위한 사전 조치였다(대조군에게는 이완되고 편한 감정을 유도하는 글을 쓰게 했다). 피험자에게 분노 또는 불안감을 느끼도록 유도한 뒤에 뉴스처럼 그럴듯하게 쓰인 가짜 기사를 보여주고, 정확한지 판단하도록 했다. 분노를 느낀 피험자는 평소 자신이 갖고 있던 정치적 견해에 맞추어 뉴스의 정확성을 평가했다. 자신의 정치적 신념에 부합하는 뉴스는 정확하다고 판단했고, 그렇지 않으면 거짓이라고 판단했다. 분노가 유발되었을 때 정보의 정확성을 내적인 신념에 따라 평가하려는 경향이 강해졌다. 그런데 불안감을 느끼도록 유도된 피험자는 다른 양상을 보였다. 그들은 외부에서 제공되는 다른 정보를 참조해서 뉴스의 정확성을 평가하려는 경향을 보였다. 불안감은 내적 기준이 아닌, 외부 정보를 활용해 정보의 정확성을 평가하게 했다.

프란치스코 교황은 가짜 뉴스를 탐닉하는 것을 "대변기호증(배설물에 병적으로 집착하는 증상)"에 빗대었고, 팀 쿡 애플 최고경영자CEO는 "인간의 정신을 죽이는" 도구라며 강력 비판했다.5

가짜 뉴스 때문에 사람들의 정신이 병들어가고 있을까? 오히려 이미 인간의 감정이 분노에 오염되었기 때문에 가짜 뉴스가 활개 치는 것은 아닐까? 어쩔 수 없이 속는 것이 아니라, 가짜 뉴스에 속고 싶은 마음을 이미 갖고 있었던 것은 아닐까? 가짜 뉴스가 사실이 아니라는 것을 알면서도, 그것을 사실로 믿고 싶은 마음이 컸던 것은 아닐까? 가짜 뉴스가 미심쩍게 여겨져도, 그것이 진실이라고 자신을 속이고 싶었던 것은 아닐까?

사회적 효용social utility의 함정에 빠지면, 가짜 뉴스를 진짜라고 믿는 마음도 커진다. 사회적 효용이란 비이성적이지만 매우 인간적이고 동조적인 성정으로, 다른 사람을 돌보고 자기를 희생하면서까지 타인을 도우려는 인간의 특성이다.[6] 집단에 애착이 강한 사람은 심각한 부정행위를 죄책감 없이 저지르기도 하는데, 이것도 자기 행동이 사회적으로 효용이 있다고 믿기 때문이다.

클린트 이스트우드Clint Eastwood가 감독한 영화 〈아메리칸 스나이퍼American Sniper〉의 주인공 카일은 이라크 전쟁에 참전한 저격수다. 그는 꼬마 아이를 저격용 총으로 쏴 죽이고 난 뒤 "저들은 악마니까"라고 자신을 정당화한다. 전쟁터에서 많은 사람을 죽이는 것도 "조국과 동포를 위한 일이기 때문에 죄책감을 느끼지 않는다"고 당당하게 말한다. 주인공 카일은 점점 변해간다. 그의 아내는 자신이 사랑했던 남자가 아니라며 눈물을 흘린다.

거짓이라는 것을 알아도 그것이 대의를 위한 것이라고 믿으면, 거짓말에 속으려는 마음도 커진다. 가짜 뉴스를 믿을 때 자신이 속한 측이 이득을 보면, 그것은 거짓이 아니라 진실이 된다. 비록 거짓말이라도 그것에 속음으로써 자신은 이타적이고 착한 사람이라는 착각에 빠져 거짓말을 믿고 유포한 죄책감에서 자유로워지기 때문이다. 자신을 도덕적인 사람으로 설명하면서 쾌감을 느낀다.

거짓말에 속는 것보다 거짓말인지 알면서도 진실이라고 우기는 것이 문제다. 그것이 가짜라는 것을 알고도, 진짜라고 속고 싶어 하는 마음은 더 큰 문제다. 가짜 뉴스의 심각성도 여기에 있다. 버트런드 러셀Bertrand Russell은 이렇게 말했다. "인간은 경솔한 신념의 동물이며 반드시 무엇인가를 믿어야 한다. 신념에 대한 좋은 토대가 없을 때는 나쁜 것이라도 일단 믿고 만족하고 싶어 한다."

교육으로 대중의 뉴스 리터러시literacy를 향상시키면, 무분별하게 확대 재생산되는 가짜 뉴스를 차단할 수 있을까? 가짜 뉴스를 신고하고, 글쓴이를 확인하고, 다른 뉴스를 검색해보고, 다른 매체들이 다루지 않은 것은 의심하도록 교육하면 사람들이 더는 속지 않을까? 이것만으로는 충분하지 않다. 지금 우리 사회에 퍼져 있는 감정이 무엇인지 확인해야 한다. 그것이 분노라면, 그 감정이 누그러져야 한다. 대중의 분노가 약해지지 않으면, 가짜 뉴스의 힘도 줄어들지 않는다. "내가 하는 모든 일은 대의를 위한 것이다"라는 사회적 효용의 착각에서 빠져나오지 못하면, 가짜 뉴스에 속고 싶은 욕망에서도 벗어날 수 없다.

말할 수 없는 것에 대해 침묵하기

2002년 대통령 선거 열기가 뜨거웠을 때, 나는 정신과 전문의 시험을 준비 중인 전공의 4년 차였다. 공부에 몰두하던 시기였지만, 시간만 나면 인터넷에서 선거 관련 기사를 찾아 읽었다. 그 당시 나도 지지하던 후보가 있었다. 공공연하게 그를 지지한다고 말하고 다녔다. 이런 나를 두고 정신과 교수님 한 분께서는 "사람 보는 눈이 그렇게 없어서……"라며 한심하다는 듯 말씀하셨다. '정신과 의사의 자질과 정치적 견해가 무슨 관련이 있습니까!'라고 항변하고 싶었지만, 그렇게 하지 않았다. 아니, 그렇게 하지 못했다.

그런데 뜻하지 않게 사단이 나고 말았다. 회식 자리에서 누가 대통령이 되어야 한다, 누구는 안 된다는 이야기가 오갔다. 술이 좀 들어가고 경계가 낮아지자 그 교수님과 나는 대통령 선거 이야기를 평소보다 좀더 솔직하게 주고받게 되었다. 술에 취해 정확히 기억나지 않지만, 나는 특정 후보가 대통령이 되어야 한다고 목소리를 높였던 것 같다(그 교수님께서는 후일 그때 내가 자신에게 '바락바락' 대들었던 것으로 기억한다고 말씀하셨다). 내가 지지하던 후보가 당선되었지만, 그의 임기 내내 나는 회식 자리에서 교수님의 안줏거리가 되었다. 대통령의 지지율이 떨어지거나 비판을 받을 때마다 "그렇게 사람 보는 눈이 없어서 정신과 의사 제대로 하겠냐"는 말을 들어야 했다. 그 뒤부터 웬만하면 정치 이야기는 하지 않는다. 특정 정치인에 대한 호불호는 더더욱 말하지 않게 되었다.

전문가 대다수는 박 대통령이 현재 자신을 둘러싼 체계가 송두리째 부정당한 상황에 처해 불안정한 상태일 것으로 분석했다.……박 대통령은 익숙했던 인간관계가 전부 무너진 것과 다름없기 때문에 판단력이 크게 떨어졌을 가능성이 높다는 논리다.[1]

어떤 정신과 전문의는 박근혜 전 대통령이 의존성 인격 장애가 의심된다고 진단했고, 심리 상담이 필요하다고도 했다. 다른 전문의는 "드러나는 여러 보도들을 종합하면 리플리증후군, 공유정신장애 등을 의심할 수 있으며……"라고 판단했다.[2] "대통령이 알고 보니 주체성이 부족한 연약하고 의존적인 존재였다는 사실이다.……짜인 각본 안에서 남이 써준 대사를 앵무새처럼 읊는 무기력한 연기자다"라고 분석한 전문가도 있었다.[3]

하지만 나는 이런 판단을 내릴 수 없었다. 뉴스에서 자주 보지만 직접 대면한 적 없는 정치인의 정신 건강을 섣불리 판단할 수 없었다. 언론에 노출된 모습만 보고 정신에 어떤 문제가 있다고 확언할 수 없었다. 어떤 대통령 후보를 지지한다고 말했다가 한동안 마음고생했던 이력 때문은 아니다. 정치인에게 정신적 문제가 있을지 모른다는 합리적 의심이 들어도, 그것을 공공연하게 말해서는 안 된다는 생각이 앞서기 때문이었다. 설령 그것이 나중에 사실로 밝혀진다 하더라도, 정치 지도자의 정신 건강에 대한 섣부른 판단은 위험하다는 생각이 들어서였다.

정신과 의사 칼 B. 영Carl B. Young은 1964년 미국 대통령 선거에 출마했던 공화당 후보 배리 골드워터Barry Goldwater의 심리 상태에 대해 다음과 같이 코멘트했다. "골드워터가 대통령에 적합하지 않다고 느끼는 주된 이유는 그의 충동적이고 경솔한 행동 때문입니다. 그의 나이에 이런 행동은 세계의 파괴를 일으킵니다. 그의 행동은 정서적인 미성숙성을 반영합니다. 불안정한 성격을 반영하는 겁니다.……기본적으로 그는 자기애적 성격장애라고 느낍니다. 잠재적으로 편집증적인 요소도 갖고 있어요."

그해에 『팩트 매거진Fact Magazine』의 편집출판자 랠프 긴즈버그Ralph Ginzburg는 골드워터에 대한 심리 에세이를 19페이지에 걸쳐 게재하면서, 정신과 의사들을 대상으로 골드워터가 대통령이 되기에 적합한 인물인지를 물어본 설문 결과를 함께 실었다. 2,417명의 정신과 의사가 응답했는데, 그중 1,189명은 정신의학적으로 골드워터는 대통령에 적합하지 않다고 평가했다 (적합하다고 응답한 사람은 657명, 모르겠다고 한 사람은 571명이었다).

꼭 이 기사 때문에 그런 것은 아니겠지만, 골드워터는 민주당 린든 존슨Lyndon Johnson에게 패했다. 대통령 선거에서 패한 후 골드워터는 긴즈버그를 고소했고, 재판에서는 이겼다. 이 일을 계기로 미국정신과의사협회는 골드워터 룰Goldwater Rule을 제정했다. 정신과 의사가 직접 정신의학적 평가를 시행하지 않은 공인에 대해 그의 승인 없이 공적으로 언급하는 것을 금지했다.

미국 듀크대학의 조너선 데이비드슨Jonathan Davidson 교수팀은 조지 워싱턴부터 리처드 닉슨까지, 1776~1974년 사이에 재직했던 미국 대통령 37명의 정신 건강을 조사했다.[4] 연구팀은 대통령의 전기, 일대기, 의료 기록, 언론 기사를 검토했다. 이것을 토대로 미국 대통령들에게 정신장애 진단 기준에 부합하는 문제가 있었는지 평가했다. 정확성을 높이기 위해 정신과 전문의 3명이 일치된 판단을 내린 경우에만 정신장애가 있었다고 결론 내렸다.

이 연구 결과에 따르면, 절반(49퍼센트)의 미국 대통령이 한 가지 이상의 정신장애를 갖고 있었다. 이들 중 24퍼센트는 우울증을 앓았고, 불안장애가 있었던 대통령도 8퍼센트였다. 조울병을 앓은 대통령이 8퍼센트, 알코올 남용·의존증도 각각 8퍼센트였다. 대통령 재직 중에 정신장애가 발병했던 것으로 판단되는 사례는 10명(27퍼센트)이었다. 이들은 존 애덤스John Adams, 프랭클린 피어스Franklin Pierce, 에이브러햄 링컨Abraham

Lincoln, 시어도어 루스벨트Theodore Roosevelt, 윌리엄 하워드 태프트 William Howard Taft, 토머스 우드로 윌슨Thomas Woodrow Wilson, 존 캘빈 쿨리지John Calvin Coolidge, Jr., 허버트 클라크 후버Herbert Clark Hoover, 린든 존슨, 리처드 밀하우스 닉슨Richard Milhous Nixon이다. 루스벨트를 제외한 나머지 9명은 그들의 정신장애가 대통령 직무 수행에 영향을 미쳤다고 연구팀은 결론 내렸다.

링컨은 심한 우울증에 시달렸다. 존 F. 케네디John F. Kennedy는 정신 자극제psychostimulant를 부적절하게 남용했다. 율리시스 심프슨 그랜트Ulysses Simpson Grant 대통령은 뉴올리언스의 군사 행렬 도중에 말에서 떨어졌다. 술에 잔뜩 취해 있었기 때문이다. 닉슨 대통령도 만취해서 영국 수상에게서 온 중요한 전화를 받지 못했다고 한다. 로널드 레이건Ronald Reagan 대통령은 재직 중에 알츠하이머 치매가 발병했다. 정신장애에 시달렸던 대통령이 이렇게 많았던 미국이라는 나라는, 지금도 여전히 세계 일등 국가다.

정치 지도자가 정신적으로 완벽한 사람이면 더할 나위 없이 좋을 것이다. 하지만 그들도 결함 많은 인간에 불과하다. 정치 지도자가 완벽한 정신 건강 상태를 365일 유지한다는 것은 불가능하다. 그들은 시간에 쫓기고, 격무에 시달리고, 중대한 결정을 앞두고 심리적 압박감을 느낀다. 24시간 긴장을 풀 수 없고, 언론과 대중의 감시에서 한순간도 자유로울 수 없다. 이런 중압감을 매일 안고 살면 회복탄력성이 아무리 좋아도 예민해지고, 잠을 설치고, 불안을 느낄 수밖에 없다. 최선을 다해도 정책 실패는 언제나 일어나고 그로 인해 대중의 삶이 고달파지기도 하는데, 정치 지도자가 어떻게 우울하지 않을 수 있겠는가.

전문가는 아니지만, 박 대통령이 대인 관계에 장애가 있는 것은 분명해보인다.……공주로 지내다 부모를 모두 총탄에 보낸 트라우마, 10 · 26부터 정계 데뷔까지 이어진 18년의 '절대 고독'이 그를 정상적인 대인 관계를 맺을 수 없도록 만들었다고 많은 사람은 생각했다.[5]

마하트마 간디는 "적어도 세 번 심각한 우울기를 겪었으며 기분 고저형 성격, 즉 만성적인 가벼운 우울증과 불안장애를 겪는 이상 기질이었다"고 한다.[6] 간디의 아버지는 불같은 성미에 방탕한 생활을 했다고 알려졌다. 간디는 아버지를 향한 두려움과 적대감뿐 아니라 애정도 동시에 갖고 있었다. 그가 16세 되던 해에 아버지는 급사했다. 부친의 사망은 간디에게 큰 충격이었다. 간디는 부친의 임종을 지키지 못했다는 죄책감에 시달렸다고 한다(간디는 아버지가 사망하는 동안 부인과 잠자리를 하고 있었던 것으로 알려졌다). 아들과도 좋은 관계를 맺지 못했는데, 장남 할릴랄Harilal Gandhi과는 죽을 때까지 부자의 인연을 끊고 살았다.[7]

하지만 간디는 비폭력 무저항주의로 인류 평화에 이바지했다. 정신의학적으로는 완벽하지 않았지만, 공감의 정치를 했다. 공감을 바탕으로 영국인, 힌두교도, 이슬람교도까지 모두 포용했다. 우울증을 앓았지만 자신의 우울 경험을 바탕으로 타인의 아픔을 이해하고 받아들이는 능력을 더 크게 키웠다. 인도 대중은 공감에서 비롯된 간디의 비폭력 정치 운동에 열렬히 호응했다.

정치 지도자가 정신적으로 완벽한 사람이기를 기대하지 말고, '공감의 정치'를 실천하도록 요구해야 한다. 리더십, 자신감, 사람들과 함께 일할 수 있는 능력 등 지도자의 모든 자질은 따지고 보면 인간 심리에 대한 이해에서 비롯된다. 정신의학적인 질환이 없어도, 타인에 대한 공감에는 무척이나 서툰 지도자가 세상에는 차고 넘친다. 섣불리 정신 건강 문제로 정치인을 판단할 것이 아니라, 그들이 보통 사람의 슬픔에 공감하고 아픔을 보듬을 줄 아는 사람인지를 확인하는 것이 중요하다. 공감 능력이 제대로 작동하고 있는지를 잘 살펴보아야 한다.

어린 시절 충격적 경험이 정신적인 후유증을 남기기도 하지만, 트라우마를 겪고도 심리적으로 건강하게 잘 살아가는 사람도 많다. 고통을 극복한 뒤 정신적으로 더 성숙해지기도 한다. 고통과 슬픔을 공감 능력으로 승화시킨 것이다. 간디처럼 말이다.

지금 우리와 함께 있는 정치 지도자들은 어떤가? 정신의학적으로 그들이 완벽하기를 기대하지 않는다. 나라를 이끌어가는 사람은 외로울 수밖에 없고, 괴로울 수밖에 없을 테니 종종 우울과 불안에 시달릴 것이 분명하다. 우리가 그들에게 기대하는 것은 조금만 더 우리의 마음을 헤아리려고 노력하는 모습이다. 조금만 더 보통 사람의 마음에 다가와주기를 바라는 것이다.

고요도 돈으로 사야 하는 세상

우리는 귀를 머리 양쪽에 달고 있어 의도적으로 막지 않으면, 계속 들리는 소리들이 있다. 소음騷音이다. 지하철이 움직이는 소리, 옆자리 사람이 친구와 이야기하는 소리, 혹은 휴대폰에 문자하는 소리가 끊임없이 들려온다. 집에 돌아오면, 무심코 켠 TV를 통해 물건을 구입하라는 호객꾼들의 목소리와 '이상한 사람'이 모여 앉아 끊임없이 잡담하는 소음이 흘러나온다. 소음으로 가득 찬 사회엔 희망이 없다.[1]

나는 소리에 무척 민감하다. 귀가 섬세하게 음을 구별해낸다

는 뜻은 아니다. 오디오 마니아도 아니다. 그저 소음을 잘 견디지 못할 뿐이다. 사람들의 소리가 사방에서 섞여 들어오면 금세 정신이 멍해진다. 귀가 쉽게 지쳐버린다. 소리에 약한 체질 탓도 있겠지만 한편으로는 직업병이 아닌지 의심한다. 정신과 의사로 20년 가까이 살아왔더니, 이제는 진료실 밖에서도 사람들 말소리에 나도 모르게 신경을 쓴다. 듣고 싶지 않은데도 '우울해', '스트레스 받아', '짜증 나'라는 말이 들려오면 신경이 곤두선다. 노이즈 캔슬링 기능이 뛰어난 헤드폰을 쓰고 다닐까 심각하게 고민했다. 하지만 그다지 트렌디하지 못한 내가 커다란 헤드폰을 끼고 길을 걷는다고 상상하니, 도저히 못 보아줄 것 같아 포기했다.

도시는 소음으로 가득 차 있다. 엘리베이터나 지하철에서 어쩔 수 없이 듣게 되는 말소리뿐 아니라 스마트폰에서 울리는 소리와 메신저 알람 같은 기계음도 귀를 찌른다. 자동차 엔진 소리와 공사장 소음, 길가에 폭탄처럼 쏟아지는 음악 소리까지 도시는 소음으로 꽉 차버렸다.

세계경제포럼은 세계 50개 도시의 소음 공해 수준을 발표했다.[2] 중국 광저우가 소음 공해 1위였고, 2위는 인도 델리였다. 우리나라에서는 소음 공해가 가장 높은 도시로 성남이 꼽혔고 (19위), 서울은 35위였다(도쿄는 39위). 소음 공해가 가장 적은 도시는 취리히였고 빈, 오슬로, 뮌헨, 스톡홀름이 그 뒤를 이어 고요한 도시에 꼽혔다. 이 연구 결과를 보면 경제적으로 부유하고, 복지가 좋고, 문화가 성숙한 도시일수록 소음 공해가 적다.

대기오염 못지않게 소음 공해도 건강에 해롭다. 소음은 스트레스 호르몬인 코르티솔과 아드레날린 분비를 증가시킨다. 혈압과 맥박이 상승하고 혈액응고 이상이 발생하기 때문에, 심뇌혈관 질환 위험을 높인다. 55데시벨 이상의 소음에 만성적으로 노출되면 심장 질환과 뇌졸중 위험이 커진다. 유럽환경청 발표에 따르면 매년 소음으로 인한 조기 사망자가 유럽에서만 1만 명에 이른다. 세계보건기구에 따르면 소음은 대기오염에 다음으로 큰 환경 부담이다.

소음은 정신 건강에도 해롭다. 짜증과 불쾌감을 유발하는 소음에 만성적으로 노출되면 정서장애가 유발된다. 소음은 우울증과 치매의 발병 위험을 높이고 불면증을 유발한다. 소리의 강도가 30데시벨 이하면 괜찮지만, 그 이상은 수면을 방해한다. 야간 소음이 55데시벨 이상이 되면 수면 장애를 일으킨다. 낮에도 55데시벨 이상의 소음이 지속되면 일의 능률이 떨어진다. 65데시벨 이상의 소음은 생리적인 부담으로 작용하고, 고혈압 등의 건강 문제를 야기한다.

아동에게 미치는 악영향은 더 심각하다. 소음은 아동의 인지 기능 발달을 저해한다. 영국에서 시행된 연구 결과를 보면, 항공기 소음이 5데시벨 증가할 때마다 읽기 능력이 2개월씩 뒤처졌다.

귀를 틀어막아도 들려오는 자동차나 공사장의 소음과 맥락을 알 수 없는 타인의 말소리나 전화기에서 들려오는 이야기는 정신 건강에 특히 더 해롭다. 소음이 스트레스로 작용하는 것은, 소음을 통제할 수 없다고 인식하거나 그 의미를 이해할 수 없기 때문이다. 환경 자극이 심하더라도 자신이 그것을 조절할 수 있다고 믿으면 스트레스는 덜하다. 자신이 참여하는 대화에서 들려오는 큰 목소리는 참기 수월하지만, 지하철 안에서 간헐적으로 들려오는 전화 목소리는 더 짜증스럽게 느껴진다. 소음의 의미를 파악하기 어렵기 때문이다.

소음 공해가 괴로운 것은 그것이 가하는 생리적 부담이 심각하기 때문만은 아니다. 상징적으로 해석하면, 소음은 경계를 파괴하는 스트레스다. 넘지 말아야 할 선을 침범하고, 보호되어야 할 개인 영역을 침범해 들어오기 때문이다. 무엇보다 눈에 보이지 않는 통로를 타고 들어오는 소리는 위협감을 느끼게 한다. 소음은 심리적으로 도둑이 몰래 담을 타고 안방에 들어올 때 느끼는 불안을 야기한다. 층간 소음이 이웃 간에 폭력을 유발할 정도로 갈등 소지가 되는 것도, 소음이 특수한 형태의 영역 스트레스이기 때문이다.

'혼밥'과 '혼술'이 유행이라고 해도, 혼자서 침묵 속에 머물 줄 아는 이는 적다. 혼자 있어도 누군가와 끊임없이 통화하고 문자를 보낸다. 침묵에 잠기기보다는 영화를 보고 음악을 듣는다. 사람들은 침묵을 싫어한다. 소리가 비어 있으면 그대로 두지 못하고, 무엇인가를 채워 넣는다. 고요를 지워버리려고 한다. 내가 상담했던 어떤 환자는 집에서 아무 소리가 들리지 않으면 공포를 느껴서 항상 텔레비전을 켜놓고 살았다. 말소리가 들려야 안심했다. 샤워할 때는 라디오를 켜놓고, 잠이 드는 순간에도 텔레비전을 끄지 못했다. 낮 동안은 사람들 소리와 자동차 소음이 성가시다면서 하루 종일 이어폰을 귀에 꽂고 다니다가, 정작 집으로 돌아와 고요해질 수 있는 시간이 주어지면 견디지 못했다. 침묵을 두려워했다. 마음을 튼튼하게 하려면 침묵하고 내면의 소리를 들을 수 있어야 하는데, 이게 되지 않았다. 적막 속에서 자기와 마주할 수 없다면, 정신 건강도 지킬 수 없다.

우리나라의 청소년들은 몸과 마음이 온전하지 못하다. 4명 중 1명이 우울하고 3명 중 1명은 스트레스를 심각하게 경험하고 있다(2016년 청소년백서). 학교 운동장은 풀 한 포기 없이 흙먼지만 날리고 체육 시설이 제대로 갖추어지지 않은 학교가 수두룩하다. 청소년의 인성 발달에 결정적 역할을 하는 아버지들은 아이들의 학습과 양육에 참견 안 하는 것이 입시에 도움이 된다는 황당한 공식에 의해 교육에서 배제된 지 오래다.[3]

사람들은 심리 문제의 해결책은 심오하고 복잡해야 한다고 여기는데, 이것은 잘못된 생각이다. 단순한 방법이 적용하기 쉽고 효과도 좋다. 정신분석을 1~2년 동안 매주 받는 것도 좋지만, 8주나 12주의 인지 행동 치료가 우울증에는 더 실효적이다. 이런 치료 기법만큼 효과적인 것이 걷기와 달리기다. 12주 스트레스 완화 프로그램이 불안과 긴장을 낮추어줄 수 있지만, 침묵하는 시간을 하루에 5분씩만 가져도 스트레스가 완화된다. 2분 정도의 침묵도 건강에 유익한 효과를 일으킨다. 혈압을 떨어뜨려 심장 건강에 도움을 준다. 창의성은 침묵에서 나온다. 2시간 동안 침묵하면 학습과 회상에 관련된 뇌 영역에 새로운 뉴런의 생성이 촉진된다.

학교 수업 시작 전에 침묵 시간을 5분만 가져보면 어떨까? 하루에 5분 만이라도 침묵을 경험하게 할 수 있다면 정신 건강에 도움이 될 것이다. 침묵 경험은 자기 조절력self control을 길러준다. 아무것도 하지 않고 고요하게 있으면 시간은 더디 흐른다. 지루함을 느낄 수밖에 없다. 움직이고 싶고, 말하고 싶어진다. 이런 충동을 조절할 수 있어야 침묵도 가능하다. 침묵하려고 노력하는 동안, 자기 조절력이 길러지는 것이다. 침묵 경험이 쌓이는 동안, 자신을 통제하는 힘도 커진다.

침묵은 자기 성찰의 출발점이다. 침묵하면서 떠오른 생각을 관찰할 수 있으면 좋다. 가만히 있을 때 마음속에 돌아다니는 생각은 대체로 억압된 욕구와 진정한 꿈 같은 것이다. 진정한 자기를 알기 위해서는 침묵의 시간이 필요하다.

> 오늘날 개인은 침묵과 마주해 있지도 않고, 공동체와 마주해 있지도 않으며, 다만 보편적인 소음과 마주해 있다.……그는 소음으로부터도 고립되고 침묵으로부터도 고립되어 있다. 그는 버림받은 자인 것이다.[4]

아주 작고 부드러운 소리만 떠도는 주말 이른 아침에 번화가를 산책하면 기분이 좋아진다. 나는 해외 대도시를 여행할 때마다 사람 없는 새벽에 번화가를 산책한다. 상점은 문을 열지 않아 쇼핑할 수 없고 인적이 드물어 을씨년스러워도, 소리가 사라진 공간을 부유하듯 걷는 것이 명상처럼 느껴진다. 세상에서 가장 아름다운 소리는 "피아니스트가 건반을 두드리기 직전"이라는 말처럼, 하루 일과가 시작되기 전의 도시 산책은 감미로운 음악 감상이다.

일상에서 고요를 즐기기가 어려워졌다. 고요도 돈으로 사야 하는 시대다. 생활 소음을 줄이려면 집의 벽과 구조물을 더 튼튼하게 만들어야 하는데, 이렇게 하려면 많은 돈이 든다. 소리는 벽을 세운다고 완전히 막아지지 않는다. 두꺼운 벽을 세우거나, 특수 공법을 써야 한다. 인간의 청각은 100헤르츠에서 1,500헤르츠 사이의 소리에 가장 민감하다. 한 겹의 벽돌을 쌓아 올리면 350헤르츠 이상의 소음을 막을 수 있고, 두께 1인치의 석고보드를 대면 500헤르츠의 소음을 막을 수 있다. 100헤르츠의 낮은 주파수를 완전히 차단하려면 8겹의 벽돌 벽이 필요하다. 발소리, 음악 소리, 자동차 소리, 에어컨 소음 등이 이 음역에 속한다.

도시에 살면서 고요를 즐기려면 더 두꺼운 벽을 쌓을 수 있는 부가 필요하다. 도시의 소음을 피해 휴양지의 리조트를 찾아가 돈을 쓴다. 인공적인 소음에서 벗어나 파도 소리를 들으려면 더 많은 비용을 지불하고 해변 구석진 곳에 있는 프라이빗 리조트로 가야 한다. 아름다운 해변가 호텔에 머물며 고요를 즐기려면 많은 돈을 내야 한다. 더 완벽한 고요를 원할수록 더 많은 돈이 필요한 세상이다. 고요는 부자들이나 가질 수 있는 사치품이 되어버린 것일지도 모른다.

아침부터 저녁까지, 내 주변의 심리학

커피의 힘

하루 1잔 이상, 많게는 4잔까지. 커피를 즐겨 마시는 사람이 크게 늘었다.……농림축산식품부와 한국농수산식품유통공사에 따르면 우리나라 성인 1명이 1년간 마시는 커피는 377잔에 달한다. 지난해 우리나라 사람들이 마신 커피는 250억 5,000만 잔으로 10년 전보다 25퍼센트 늘었다. 커피 판매 시장 규모는 지난해 6조 4,041억 원으로 전년 5조 7,632억 원에서 11.1퍼센트 증가했다.……국내 커피 전문점 매출 1위인 스타벅스는 지난해 매장이 1,000개를 넘어섰다. 국민 5만 명당 1개꼴로 일본(500여 개)보다 2배 이상 많은 수치다.[1]

나도 커피를 즐겨 마신다. 중독되었다고 하는 것이 정확한 표현일지도 모르겠다. 거의 매일 아침 원두를 그라인더로 갈아서 1리터짜리 프렌치 프레스에 넣은 뒤 뜨거운 물을 붓고 10분 후에 플런저를 눌러 찌꺼기는 걸러내고 커피만 따라내 마신다. 하루를 맑은 정신으로 보내려면 커피가 꼭 필요하다. 주말에도 커피가 없으면 안 된다. 어쩔 수 없이 끊어본 적도 있는데 그럴 때는 어김없이 집중력이 떨어졌다. 하루 종일 멍해서 책을 읽고 글을 쓰기가 어려웠다. 진료를 시작할 때 뇌에 시동을 걸려고 한 잔, 점심 먹고 식곤증을 물리치려고 한 잔, 오후에 꺼져가는 뇌에 불꽃을 다시 일으키려고 또 한 잔을 마시다 보면 일일 카페인 권장량(하루에 400밀리그램)을 넘기 일쑤다.

규칙적으로 카페인을 섭취하던 사람이 갑자기 카페인을 끊은 뒤에 ① 두통, ② 현저한 피로나 졸음, ③ 불쾌한 기분 · 우울한 기분 · 과민성, ④ 집중력 저하, ⑤ 독감 유사 증상 중에서 3가지 이상의 증상과 함께 사회적 · 직업적 기능의 현저한 저하가 나타나면 카페인 금단으로 진단한다. 내가 커피를 끊었을 때 느꼈던 증상을 『정신 질환의 진단 및 통계 편람 5판DSM-5』에 적용하면, '진단 코드 292.9'의 카페인 금단 증상이라고 할 수 있다. 섭취 형태를 막론할 경우 습관적으로 카페인을 섭취하는 사람의 비율이 미국은 전인구의 85퍼센트에 이른다. 성인은 하루 평균 280밀리그램(커피 1잔에 대략 카페인 100밀리그램이 함유되어 있다)을 섭취하며 이들 중 70퍼센트는 카페인 금단 증상을 경험한 것으로 보고되었다.[2]

매일 커피를 즐긴다고 '카페인'에 중독되었다고 단정할 수는 없다. 하지만 성인이 섭취하는 카페인 대부분은 커피에서 얻는다. 커피 외에 초콜릿이나 홍차, 녹차, 콜라에도 들어 있지만 커피에 비하면 함량이 낮다. 진통제나 감기약에도 카페인이 포함되어 있다. 하지만 이런 약은 매일 먹는 것이 아니므로 일일 카페인 섭취 총량에는 크게 기여하지 않는다. 에너지 드링크도 카페인 함량이 높지만 커피보다는 낮다. 스타벅스 아메리카노 톨 사이즈(355밀리리터) 1잔에는 카페인 150밀리그램이 들어 있고, 에너지 드링크 레드불(250밀리리터)에는 62.5밀리그램이 포함되어 있다. 카페인 함량만 놓고 보면, 커피가 최고다.

커피에는 항상 카페인 부작용 경고가 따라붙는다. 고혈압, 심장 질환, 불안장애, 불면증 환자는 커피를 삼가는 것이 좋다. 무엇보다 커피를 습관적으로 마시다 보면 의존하게 된다. 커피를 마시지 않으면 집중력을 발휘하기 힘들고, 의욕이 생기지 않아서 일을 시작하기 어렵다. 커피로 기분을 북돋아주지 않으면 사람을 만나는 것도 귀찮아지고 괜히 짜증을 부리게 된다. 단 한 잔이라도, 장기간 습관적으로 마시면 카페인 의존이 생긴다. 그래서 카페인을 두고 "지구상에서 가장 많이 섭취하는 최고의 마약"이라고 부르는 것이다. 한때 국제올림픽위원회IOC는 카페인을 도핑 물질로 규정하기도 했다.

카페인의 각성 작용은 아데노신adenosine이라는 신경전달물질의 작용을 방해해서 얻어지는 효과다. 아데노신은 수면과 이완을 유도한다. 잠을 못 자고 피로해지면 중추신경계에 아데노신 분비가 늘어나서 각성 수준이 낮아지고 졸음이 밀려온다. 동물이 동면에 들어가는 것도 중추신경계에 아데노신이 축적되었기 때문이다. 카페인은 아데노신과 화학구조가 매우 유사해서 아데노신 수용체에 결합할 수 있다. 아데노신 수용체에 아데노신 대신 카페인이 결합하면, 아데노신은 제 기능을 발휘하지 못한다. 카페인의 각성 효과는 안정을 유도하는 아데노신 기능을 억제해서 얻어지는 것이다. 비유해서 표현하면, 카페인은 아데노신이라는 브레이크를 일시적으로 작동하지 않게 해서 뇌라는 자동차가 더 빨리 달릴 수 있게 해주는 것이다.

카페인 내성도 같은 원리로 설명된다. 카페인이 아데노신 기능을 억제하면, 뇌는 이를 보상하려고 더 많은 아데노신을 생성, 분비한다. 이렇게 되면 이전보다 많은 카페인이 몸에 들어와야 늘어난 아데노신을 억제할 수 있으므로, 같은 수준의 각성 효과를 얻으려면 카페인을 더 많이 섭취해야만 한다.

카페인은 도파민dopamine, 글루타민glutamine과 같은 흥분성 신경전달물질의 활성도를 높인다. 세로토닌serotonin이나 노르에피네프린norepinephrine처럼 기분을 조절하는 신경전달물질도 활성화시킨다. 카페인이 유도하는 이러한 신경계의 변화는 항우울제를 복용했을 때 일어나는 현상과 유사하다. 카페인이 뇌에서 작동하는 기전機轉과 커피를 마셨을 때 '기분이 좋아지고, 정신이 번쩍 들면서, 무엇인가 하고자 하는 마음 상태가 되는' 경험을 바탕으로 커피가 우울증에 도움이 되는지 연구한 결과들이 보고되었다.

잘 고안된 대규모 연구 결과를 보면 매일 커피를 꾸준히 마시면 우울증 예방 효과가 있다는 것을 확인할 수 있다. 하버드 대학 연구팀이 여성 5만 명 이상을 대상으로 10년간 추적 연구한 결과 하루에 커피를 2~3잔 마시면, 일주일에 1잔 이하를 마시는 것과 비교해 우울증 발생 위험이 15퍼센트 낮았고, 하루 4잔을 마시면 20퍼센트 낮아지는 것으로 밝혀졌다.[3] 커피 섭취가 우울증 발생 감소와 관련 있는지 밝히고자 시행한 연구 11편을 모아서 메타 분석을 했을 때도 동일한 결과가 나왔다. 커피를 하루에 1잔 마실 때마다 우울증 위험은 8퍼센트씩 감소했다.[4] 하지만 커피 외에 카페인이 포함된 차나 콜라 등의 음료를 섭취하는 것은 효과가 없었다.

커피로 자살을 예방할 수도 있다. 하버드대학 연구팀이 대규모 역학 연구 3편을 모아 메타 분석을 했더니 적절한 용량의 커피 섭취는 자살 위험을 유의미하게 낮추어주는 것으로 나타났다.[5] 이 연구에서는 성인 남성 4만 3,599명과 여성 16만 4,825명의 건강 자료를 토대로 커피, 커피 외의 카페인(차나 탄산음료, 초콜릿 등), 디카페인 커피의 효과를 비교했는데, 하루 커피 2~4잔(카페인 약400밀리그램)을 마시면, 디카페인 커피를 마시거나 하루 1잔 이하의 커피를 마시는 것에 비해 자살 위험이 약 50퍼센트 낮았다. 하루 4잔을 초과했을 때 추가적인

효과는 없었다. 핀란드에서 시행한 연구를 보면 하루 커피 섭취량이 8잔 이상이 되면 자살 위험이 오히려 높아졌다.[6] 커피의 자살 예방 효과는 커피 섭취 용량에 따라 J 자 형태로 나타난다.

카페인이 집중력이나 기억력을 향상시킨다는 연구 결과도 다수 보고되었다. 흥미로운 점은 카페인은 긍정적인 기억만 선택적으로 강화한다는 것이다.[7] 피험자들에게 단어를 알려주고 나중에 얼마나 기억해내는지 실험했다. 테스트를 진행하기 전에 200밀리그램의 카페인 알약 혹은 위약僞藥을 무작위로 복용하게 한 뒤, 두 그룹의 단어 기억 능력에 차이가 있는지 비교했다. 기억해야 할 단어는 긍정적인 의미가 담긴 것도 있었고, 부정적인 것도 있었다. 카페인을 복용한 그룹은 위약을 복용한 그룹에 비해 긍정적인 단어를 잘 회상해냈다. 부정적 단어를 기억하는 정도는 두 그룹 사이에 유의미한 차이가 없었다. 커피 아로마가 아름다운 추억을 불러오는 것이 아니라, 카페인 때문에 긍정적인 기억이 선택적으로 회상되는 것이다. 디카페인 커피를 마셨을 때는 이런 효과가 나타나지 않았다. 커피의 향기, 달콤 쌉싸름한 맛과 분위기가 우리 기분을 좋게 만들기도 하지만 생리적으로는 커피에 포함된 카페인의 역할이 크다는 것이다. 커피에 함유된 항산화 물질과 항암 물질이 2형 당뇨나 대장암에 효과적이라는 것도 알려져 있지만, 긍정적 정서를 유도하는 것은 카페인의 힘이다.

이 글을 쓰는 동안에도 커피를 마시고 있다. 'Moon's blend'를 판다고 해서 유명해진 커피 전문점에서 사온 이르가체프 원두로 만들었다. 게이샤, 코피 루왁, 블루 마운틴 등등의 원두를 갈아 마시고 핸드 드립, 모카 포트, 에어로프레스 등의 다양한 방법으로 만들어보기도 했다. 맛도 향기도 좋았다. 커피를 마시는 동안 내 취향이 꽤 괜찮은 것 같다는 자기도취에 빠져들기도 했다.

하지만 이런 느낌조차 카페인이 뇌에 일으킨 화학작용 때문이 아닐지 의심하게 된다. 아무리 좋은 커피라도 디카페인이라면 비싼 돈을 들여서 매일매일 마실까? 솔직히 그럴 것 같지 않다. 커피를 하루도 거르지 않는 가장 중요한 이유는 내 뇌가 더 빠르고 정확하게 작동하고, 더 많은 정보를 기억해내며, 아이디어의 불꽃을 일으켜주기를 바라는 것인데, 디카페인 커피로는 이런 효과가 나타나지 않기 때문이다.

커피는 대서양 건너 미국에서 독립혁명을 촉발한 보스턴 차 사건의 중요한 오브제로 한몫했다.……새뮤얼 애덤스를 비롯한 미국독립혁명의 지도자들과 시민들은 1773년 12월 16일 밤, 보스턴항에 정박한 동인도회사 선박을 습격하고 342개의 차 상자를 깨뜨려 모조리 바다에 던져버렸다. 영국 차 불매운동이 시민의 저항심에 불을 붙이면서 커피 소비가 폭발적으로 늘었다. 영국 차 불매운동과 함께 커피를 마시는 이른바 문화 시위가 널리 확산되면서 식민지 시민들의 독립 의지를 북돋우는 정신운동으로 발전했다.[8]

"커피를 마시는 문화 시위가 널리 확산되면서 시민들의 독립 의지를 북돋우는 정신운동으로 발전했다"라고 말한 것은 커피에 농축된 문화적 · 인문적 · 철학적 동력이 혁명으로 이어졌다는 의미를 강조하고 싶어서인 것 같다. 그런데 내 생각은 조금 다르다. "카페인을 통해 인류를 각성시키면서 벌어진 에덴동산 추방을 비롯해 미국독립혁명, 프랑스혁명, 오스트리아 빈 전투 등이 그것이다"라는 이 책의 서문처럼 우리가 마신 커피에 녹

아 있는 카페인이 혈액뇌관문blood-brain barrier을 통과해 아데노
신 작용을 방해해서 얻어낸 각성 효과와 흥분성 신경전달물질
이 불러일으킨 과단성이 혁명으로 이어졌다는 표현이 더 정확
하다.

보스턴 차 사건 이후 미국에 커피 문화가 확산되고, 이것이
미국독립혁명의 숨겨진 원인이라는 주장과 관련해서『세계사
를 움직이는 다섯 가지 힘』의 저자 사이토 다카시齋藤孝 메이지
대학 교수는 이렇게 말한다. "지나친 논리 비약인지 모르겠지
만, 이때 여유로운 기분의 홍차에서 각성 작용이 강한 커피로
전환한 것이 그 후 미국이 세계를 제패하게 된 하나의 보이지
않는 원인이 되었을 수도 있다."9 근대 이후 미국이 발전하게
된 계기도 커피가 활력 있는 기업가적 분위기를 만들어냈기 때
문이라는 것이 그의 주장이다.

홍차를 마실 수 없게 된 미국인들이 어쩔 수 없이 카페인 함
유량이 월등히 높은 커피를 마시면서 정신 기능이 변했다. 날
카로워진 주의집중력, 빨라진 사고 속도, 덜 자고도 쉽게 지치
지 않는 정신력에 긍정적 정서까지 무장하게 되니, 위험을 무
릅쓰고 변화를 향해 과감히 몸을 던질 수 있게 되었다는 것이
다. 역사적인 변혁의 이면에 감추어진 기전을 다 알 수는 없지

만, 커피 소비가 폭발적으로 늘어나면서 사회를 변화시키겠다는 시민 의지가 불타올랐다는 주장은 카페인의 생리작용을 고려해보면 충분히 설득력 있다.

대통령과 비서관들이 하얀 와이셔츠 차림으로 청와대 잔디 위를 걷고 있는 사진이 보도되면서 사람들은 '얼굴 패권주의'라며 그들의 준수한 용모에 주목했다. 하지만 나는 그들의 손에 쥐어진 커피가 눈에 더 띄었다. '우리가 세상을 바꿀 것이다'라는 강력한 상징으로 읽혔기 때문이다. 과거와 같은 카페인 혁명이 또다시 일어날까? 두고 볼 일이다.

언어폭력은 살인이다

10일 교육부가 발표한 2017년 1차 학교 폭력 실태 조사 결과에 따르면 학교 폭력을 경험한 학생 비율은 전년 0.9퍼센트 (3만 7,000명)와 동일한 것으로 조사됐다.……학교 폭력 유형 별로 보면 언어폭력이 가장 빈번했다. 이어 집단 따돌림, 스토킹, 신체 폭행 등이며, 교실 안에서 동급생으로부터 피해를 당했다는 응답이 가장 많았다.[1]

학교 폭력 중에서 언어폭력이 가장 흔하다. 신체 폭력, 성폭력이 흔하다면 그것도 심각한 문제지만, '언어폭력을 대수롭지 않게 생각해서 자주 일어나는 것은 아닐까?'라는 걱정이 들었다. 말로 하는 폭력은 멍을 남기지도 뼈가 부러질 일도 없으니 대수롭지 않게 여기는 것은 아닐까? 말로 내두른 폭력은 바람처럼 흩어질 것이라고 생각하는 것일까? "그깟 말 갖고 왜 그렇게 예민하게 굴어? 툴툴 털어버려"라며 별일 아니라고 착각하는 것은 아닌지 염려되었다.

사전에는 언어폭력이 "말로써 온갖 음담패설을 늘어놓거나 욕설, 협박 따위를 하는 일"이라고 적혀 있지만, 언어폭력은 욕설과 폭언뿐 아니라 '거짓 소문이나 험담, 약점 놀리기, 외모나 능력 무시하기'와 같은 다양한 형태로 나타난다. 어린 시절 가시 돋친 말 때문에 받은 상처는 어른이 된 후에도 후유증이 남는다. 육체 폭력이든 언어폭력이든 모두 후유증을 남긴다. 부모에게 받은 것이든, 또래에게 받은 것이든 마찬가지다. 모든 폭력은 지워지지 않는 흉터를 뇌에 남긴다.

미디어에 자주 소개되어 유명해진 하버드대학 마틴 H. 타이처Martin H. Teicher 교수팀의 연구 결과를 보자.[2] 타이처 교수는 과거에 육체적 혹은 성적 학대를 받은 경험이 없는 성인 707명(18~25세)에게 어린 시절 또래에게 언어폭력을 당한 경험이 있는지 확인했더니 약 0.9퍼센트(63명)가 있었다고 응답했다.

언어폭력을 경험한 피험자는 우울, 불안, 분노-적대감 수준이 그런 경험이 없는 사람보다 유의미하게 높았다. 어린 시절 언어폭력 경험이 성인이 된 후에 부정적 정서로 이어진 것이다.

그뿐만 아니라 이들의 뇌에서도 이상 소견이 발견되었다. 뇌 스캔을 했더니 뇌량corpus callosum이 위축된 것으로 나타났다. 뇌량은 좌뇌와 우뇌를 연결하는 큰 신경 다발로 좌우 대뇌반구의 정보를 교환하는 다리 역할을 한다. 어린 시절 언어폭력은 뇌에 생물학적인 흉터를 남겨서 정서 조절 이상을 일으킨다는 것이 사실로 증명되었다.

이외에도 많은 연구가 있다. 굳이 일일이 나열하고 싶지 않지만, 경각심을 일깨우는 차원에서 한 가지만 더 언급하겠다. 부모에게 언어적 학대를 받고 자란 성인의 뇌에서는 청각을 담당하는 상측두이랑superior temporal gyrus 회백질 부피가 커져 있다.[3] 뇌 구조가 이렇게 변한 것은 어린 시절 '부모가 또 야단치지 않을까, 나를 비난하지 않을까, 소리 높여서 화를 내면 어쩌지……'라는 생각에 청각신경계가 과민해져서 일어난 변화다. "나는 우리 아이에게 손찌검 한 번 안 했다"는 부모도 말로 아이를 때렸다면 그 상처는 뇌에 남아 성인이 된 뒤에도 영향을 준다. 다시 한 번 말하지만, 모든 폭력은 우리의 마음에 영원히

지워지지 않는 흉터를 남긴다.

●

　서울남부지검 재직 당시 과중한 업무와 상사인 김대현 부장 검사의 폭언과 폭행 등으로 고통받다 스스로 목숨을 끊은 김홍영(33) 검사의 '순직'이 인정됐다. 상사의 폭언을 견디지 못해 극단적인 선택을 한 경우도 순직으로 인정된 것은 처음이다. 공무원연금공단은 6일 "김 검사의 자살은 과중한 업무뿐 아니라 상사의 모욕적인 언행 등도 영향을 미친 만큼, 공무상 사망이 인정된다"고 밝혔다.[4]

　언어폭력의 피해자는 공황 발작, 불안장애, 우울증, 외상 후 스트레스 장애에 시달린다. 특히 직장 상사가 휘두르는 언어폭력은 더 위험하다. 카드값도 내야 하고, 집세도 내야 하고, 아이들 학원도 보내려면 아무리 힘들어도 회사에서 버텨야 하는 직장인이 상사에게 괴롭힘을 당하는 것은, 팔다리가 의자에 묶여 꼼짝도 할 수 없는 상태에서 구타당하는 것이나 다름없다. 단순히 '스트레스 받는다'는 정도를 뛰어넘어 정신장애를 일으키고, 심하면 자살에 이른다. 정신장애가 생기기 전부터 집중력 · 기억력 · 판단력 저하가 나타나고, 흥미와 의욕을 잃고 무기력해진다. 생산성이 떨어지는데도 회사에서 요구하는 성과를 달성하려면 자신을 쥐어짜야 하니 어쩔 수 없이 커피나 각성제에 의존하게 된다. 나쁜 상사들이 우리나라의 커피 소비량 증가에 일조하고 있는 것이다.

신체 건강에도 문제가 생긴다. 나쁜 상사 밑에서 일하면 심장병도 잘 생기고, 조기 사망 위험도 커진다. 스웨덴 카롤린스카 연구소Karolinska Institute의 안나 뉘베리Anna Nyberg 교수의 연구 결과에 따르면 사려 깊지 못하고 의사소통을 제대로 할 줄 모르며 역량이 떨어지는 리더 밑에서 일하는 직원은 급성 심근경색으로 사망할 위험이 25퍼센트 높다.[5] 직장에서 공정하게 대우받지 못한다고 느끼는 노동자는 심장병 발생 위험이 그렇지 않은 경우에 비해 30퍼센트 높다.[6] 말이 통하지 않고, 차별하는 상사는 부하 직원의 심장을 병들게 하고, 수명을 단축시킨다.

나쁜 상사가 괴롭히면 코르티솔이라는 스트레스 호르몬이 증가해서 비만, 당뇨, 고혈압 발생 위험이 커진다. 이미 그런 질병이 있다면 악화된다. 정신적 스트레스를 받으면 사이토카인cytokine이라는 염증 반응 물질이 분비되는데, 이것이 심장 혈관을 손상시킨다. 직장인이 회식이다 뭐다 해서 술을 많이 마시면 간 기능이 저하되는 것처럼, 나쁜 상사 아래에서 일하는 것만으로도 간 효소 수치가 상승한다는 연구 결과도 보고되었다.

이런 연구 결과들을 보면서 섬뜩한 생각이 떠올랐다. '나쁜 리더는 살인자일 수도 있겠구나.' 어쩌면 김영하의 소설『살인자의 기억법』에 나오는 알츠하이머 치매에 걸린 살인자처럼, 나쁜 상사는 자기 잘못을 전혀 기억하지 못하는 살인자가 아닐까?

『JTBC』와 건양대학병원 노조 등에 따르면 김희수 총장은 직원들을 수첩으로 때리고 꼬집는 것은 물론 극심한 폭언을 일삼았다. 건양대학병원 노조는 최근 직원 732명을 대상으로 진행한 근무 실태 조사에서 30여 명이 김 총장과 아들 김용하 부총장 등에게 폭언과 폭행을 당한 것으로 조사되기도 했다. 송기성 건양대 교수는 『JTBC』에 "교수 회의 석상에서 폭언을 했다. 교수들도 볼이 잡히고 맞는 사람도 있다"고 폭로했다. 또 다른 전직 간부는 "팀장 하나는 그 자리에서 맞고 나왔다. 안경이 날아갈 정도로 맞은 팀장도 있다. 나도 맞아봤다"고 『JTBC』에 말했다.[7]

직장 상사나 권력을 쥔 사람이 "주먹으로 쳐버리겠다"고 말로 위협하는 것과 실제로 주먹을 날려 코뼈를 부러뜨리는 것 중에서 무엇이 더 해로울까? (물론 이런 일은 둘 다 없어야 하겠지만) 차라리 한 대 맞으면 몸은 아프지만 폭행을 당했다고 세상에 알릴 수 있으니 나중에라도 분을 덜어낼 수 있다. 하지만 언어폭력의 피해자는 가슴에서 피가 철철 흘러도, 그것을 꺼내 세상에 보여줄 수가 없다. 아무리 분해도 증거가 없으면 법은 피해자로 인정해주지 않으니, 억울함까지 쌓인다.

언어폭력을 일삼는 자는 수법이 교묘해서 증거를 남기지 않을 때가 많다. 증거가 남을 수 있을 상황은 피해가고, 단둘이 있는 사무실이나 차 안에서 폭언을 내뱉는다. 여러 사람이 있는 곳에서는 교묘한 말로 모욕을 주기 때문에 언어폭력이라는 것을 나중에 깨닫는다. 문제가 공개되어도 교묘한 가해자는 자기 언행을 정당화할 만반의 준비를 하고 있다. 합리화하지 못하면 술김에 모르고 했다거나 기억이 나지 않는다고 뻔뻔하게 변명한다.

피해자는 당하고 나서야 "아, 녹음을 해둘 걸"이라고 후회한다. 그렇다고 매번 녹음기를 들고 다닐 수도 없다. 녹음기를 가슴에 품고 있어도 막상 필요할 때는 녹음하지 못한다. 마음이 약해서다. 녹음하는 것을 가해자가 눈치채기라도 하면 자신을 더 괴롭힐까봐 겁을 먹기 때문이다.

나쁜 상사가 주로 괴롭히는 대상은 마음이 여리고 심성이 착한 사람이다. 타인을 배려하고 돌보아주는 사람이 오히려 더 쉽게 언어폭력의 타깃이 된다. 나쁜 상사는 인간관계나 일에 문제가 발생했을 때 습관적으로 '내 탓이다'라고 하며, 눈치를 많이 보는 부하를 골라 막말을 일삼는다.

살아가다 보면 누구도 폭력에서 완전히 자유로울 수 없지만, 내 임상 경험에 따르면 남성보다 여성이 언어폭력을 자주 겪는다. 피해를 당하고도 저항하지 않고 감내하고, 분노와 억울함을 속으로 억압하는 경향이 여성에게 더 많기 때문인 것 같다.

독립적으로 자기 일을 잘 해내는 직원이 언어폭력을 일삼는 나쁜 상사의 타깃이 되기도 한다. 나쁜 상사는 본질적으로 권력과 통제 욕구가 굉장히 강하다. 폭력으로 타인을 지배하고, 복종을 강요한다. 그래야 직성이 풀린다. 그런데 맡은 일을 척척 잘 해내는 부하 직원을 밑에 두고 있으면 마음이 불편해진다. 겉으로는 칭찬해도 속으로는 경계한다. 능력 있는 부하를 위협의 대상으로 느낀다. 권력 욕구와 통제 욕구만 있고, 능력 없는 상사일수록 그렇게 인식한다. 이런 경우, 나쁜 상사는 능력 있는 부하 직원을 어떻게든 굴복시켜 자기 통제 아래 두어야 안심한다. 교묘히 괴롭히고, 뒤로 험담을 한다. 정서적 고통을 주어서 복종하게 하려고 한다. 이마저도 통하지 않으면, 그 부하 직원의 성과가 아무리 좋아도 내쫓아버리는 것이 낫다고 여기고 학대한다.

폭력을 견디다 못해 초라한 모습으로 회사를 떠나면, 그(녀)를 지켜보던 동료들이 분개하며 일어나 상사에게 "그렇게 하면 안 됩니다"라고 항의할까? 아닐 거다. 그저 아무 말 않고 지켜볼 것이다. 언어폭력의 희생자에게 연민을 느끼면서도 '나는 당하지 말아야지'라며 몸을 사리고 조심하게 된다.

폭언을 휘두르는 나쁜 상사는 이런 심리를 꿰뚫고 있다. 나쁜 상사가 특정 부하 직원을 괴롭혀서 내쫓는 것은 "내게 굴종해야 한다"는 메시지를 조직원들에게 보내고 싶어서다. 이런 신호가 조직 전체에 암묵적으로 전달되고 먹혀들면 직원들은(소위 말해서) '알아서 기게' 된다. 정당한 성과로 평가받는 것이 아니라 '폭력을 휘두르는 보스에게 아부해야 살아남을 수 있다'라는 믿음이 종이에 물 스미듯 번진다.

언어폭력은 피해자의 영혼만 병들게 하지 않는다. 피해자의 육신을 병들게 하고, 수명을 단축시킨다. 폭력을 지켜보는 사람의 선량한 양심도 숨 쉬지 못하게 한다. 세상의 건전한 상식을 파괴하고, 우리가 살아가는 사회의 생명력마저 잃게 한다. 힘 있는 자가 입으로 휘두르는 폭력은 그래서 살인이다.

라이프 스타일에 투표하라

내 능력이 부족해서인지, 아무리 애를 써도 사람 마음에 관해서는 모르는 것이 정말 많다고 느낀다. 마음은 눈에 보이지 않는다. 만지고 느낄 수 없다. 게다가 마음은 왔다 갔다 한다. 상황이 바뀌면 마음도 금세 변한다. 한결같은 마음이고 싶어도 그렇게 안 된다. 마음의 속성이 이러니, 마음만 붙잡고 늘어져서는 사람을 제대로 알기 어렵다. "나는……한 사람이다"라는 말보다 행동이 한 사람에 대해 정확하게 알려준다. 사람이 달라지는 것도 말이 아니라 행동을 통해서다. 아리스토텔레스도 말하지 않았던가. "공정하게 행동함으로써 공정해지고, 온화하게 행동함으로써 온화해지며, 용감하게 행동함으로써 용감해진다"라고. 하나의 행동보다 여러 가지 행동이 모여서 이루어진 라이프 스타일을 보면 그 사람의 심리를 더 잘 파악할 수 있다.

우울증 환자에게 "기분이 어떠세요?"라고 물어보면 그다지 의미 있는 정보를 얻지 못한다. "우울해요", "나빠요", "아무 느낌 없어요"라는 뻔한 대답이 돌아오기 때문이다. 우울증 환자는 자기감정을 말로 표현하기 어려워한다. 불쾌한 감정이 역력해도 괜찮다고 한다. 감정의 실체를 자기도 모르겠다며 혼란스러워한다. 이럴 때는 감정이 어떠냐고 묻는 대신에 하루 일과를 묻는 편이 낫다.

우울증에 걸린 주부는 무거운 마음으로 일어나 남편 출근을 도와주고, 자녀를 등교시키고 나면 그 후부터 집에서 혼자 멍하니 있는다. 친구를 만나고, 쇼핑도 하고, 네일 숍에 들러 손톱 손질을 해도 되는데(그렇게 해도 누구도 무어라 하지 않는데도) 하루 종일 집에 있는다. 그러다 남편이 퇴근할 무렵이 되면 저녁 식사를 준비하고, 설거지하고, 텔레비전을 보다 잔다.

번아웃에 빠진 직장인에게는 퇴근 후에 무엇을 하는지, 주말을 어떻게 보내는지 묻는다. 정해진 일을 억지로 할 때는 드러나지 않지만, 여가 시간에 무엇을 하는지 보면 그의 정서를 알

수 있다. 중증이 아니라면 우울증이 있어도 출근해서 그럭저럭 자기 일을 해낸다. 집중이 안 되고, 창의적인 생각은 떠오르지 않고, 일을 효율적으로 처리할 수는 없어도 맡은 일은 어떻게든 해내려고 애를 쓴다. 하지만 퇴근하고 나면 아무것도 하지 않는다. 재미를 느끼지도 못해서 평소 즐기던 취미 생활도 하지 않는다. 친구도 귀찮다며 만나지 않는다. 멍하니 누워서 스마트폰만 본다. 휴일에도 하루 종일 소파에 누워 텔레비전만 본다.

감정이 어떠냐고 묻는 것보다 하루 생활을 들여다보는 것이 정서를 파악하는 데 유용하다. 정신 건강을 지키는 데도 "마음을 강하게 먹어라"고 하는 것보다 "건강한 생활 습관을 길러라"고 조언하는 것이 효과적이다. 라이프 스타일이 마음 상태를 결정한다. "긍정적인 마음을 가지려고 노력하겠다"는 추상적인 다짐보다 제때 자고, 제때 식사하고, 규칙적으로 운동하는 것이 정신 건강을 증진하는 데에는 훨씬 낫다.

유명인을 볼 때도, 그들의 라이프 스타일이 드러나는 장면에

주의가 모아진다. 대통령 퇴임 직전에 오바마가 가족과 함께 보낸 휴가에 관한 기사가 기억에 남은 것도 그 때문이다.

퇴임 전 마지막 휴가를 떠난 버락 오바마 대통령이 크리스마스이브에 한 일은 딸들과 '방 탈출 게임escape game'을 하는 것이었다. 오바마 대통령은 지난 17일부터 가족들과 하와이에서 마지막 휴가를 보내고 있다. 오바마는 24일 말리아, 사샤 등 두 딸 및 친구들과 같이 하와이의 방 탈출 게임장인 브레이크 아웃 와이키키를 찾았다.……'그들은 1시간 동안 소리 지르면서 즐거운 시간을 보냈다'고 말했다.[1]

대통령이 어떻게 휴가를 보내야 하는지 이야기하려는 것이 아니다. 여가 시간에 무엇을 하는지가 그 사람의 진면목을 볼 수 있는 절호의 기회라는 것을 언급하고 싶을 뿐이다. "휴가를 누구와 무엇을 하며 보내는가?"라는 질문에는 그 사람의 가치관이 담겨 있게 마련이다. "나는 가정적인 사람이야"라고 아무리 말해도 그 말을 그대로 믿을 수 없다. 가장 정확한 것은 일과 후에 실제로 가족과 함께 시간을 보내느냐다.

시간 결정권이 자신에게 있을 때 보여주는 라이프 스타일이 그 사람의 진짜 모습이다. 성격 더러운 관리자는 짬만 나면 부하 직원을 어떻게 다그칠지 고민하지만, 부하 직원의 가족까지 챙기는 관리자는 일이 끝나면 자신부터 가족과 함께하려고 노력한다. 퇴근 후의 행동이 그의 가치관을 보여준다.

대통령이 일과 후에 자기 취향대로 '혼밥'을 하며 텔레비전을 볼 수도 있다. 개인의 라이프 스타일이고 취향이니 존중받아야 한다. 다만, 리더가 많은 이를 많나 다양한 이야기를 들으려고 애쓰는 사람이기를 바란다면 혼밥을 즐기는 라이프 스타일은 곤란하다. 한 가지 샴푸만 고집하고, 세상 어디를 가도 자기 집과 같은 환경을 원하는 사람이라면 창조와 혁신이 필요한 4차 산업혁명 시대에 적합한 리더라고 할 수는 없다.

정치인이 보여주는 삶의 방식, 즉 라이프 스타일로 평가받는 시대다. 정치인이 어떤 방식으로 살고 있는지가 중요하다. 가혹하다고 말할 수도 있다. 정치인도 사람이고 사생활이 있는데, 개인적인 부분까지 까발려야 하는 거냐고 볼멘소리를 할 수도 있다. 하지만 우리가 정치인의 머릿속에 들어갈 수 없으니, 그의 철학과 신념을 눈으로 확인할 수 있는 무엇인가가 필요하다. 그중 하나가 바로 라이프 스타일이다. 소설을 좋아하는지 시를 좋아하는지, 양말은 어떤 색깔과 무늬를 좋아하는지, 주로 사용하는 펜은 무엇이고, 친구에게 추천해주고 싶은 음악과 영화는 무엇인지, 생수는 에비앙을 마시는지, 안경은 어느 브랜드를 좋아하는지……. 이런 취향은 그 사람의 실체를 알려주는 중요한 정보다. 취향에는 그 사람의 인생 철학이 담겨 있기 때문이다.

더불어민주당 문재인 전 대표가 대선 주자 지지율 1위를 달리는 가운데 '문재인 안경'이라 불리는 안경 브랜드까지 화제가 되고 있다. 덴마크 '린드버그'라는 브랜드로 안경테 하나에 70만~150만 원의 고가지만 최근 30~50대 남성을 중심으로 인기몰이 중이다.[2]

이 기사의 숨겨진 의도가 무엇인지 모르는 바는 아니다. 하지만 나는 안경이 외제인지 고가인지 말하고 싶지 않다. 안경은 눈과 같은 것이고, 한번 사면 오랫동안 매일 쓰는데 비싸더라도 자기 취향에 맞는 것을 선택해야 한다고 생각한다. 덴마크제인지, 가격이 얼마인지보다 그 안경 디자인이 전달하는 메시지를 읽는 것이 중요하다. 한 사람을 끌어당기는 디자인이 무엇인지 알면(조금 과장해서 말하면) 로르샤흐 테스트rorschach test

보다 정확히 그 사람에 대해 알 수 있다고 믿는다. 린드버그 안경 프레임처럼, 간결하고 담백한 사람이라는 것을 보여주고 싶은 것인지, 장식이나 허세보다는 튼튼하고 오래가는 실용성을 중시하는 사람이라는 것을 보여주고 싶은 것인지, 의식적이든 무의식적이든 그 디자인으로 전달하고자 하는 메시지를 읽었으면 좋겠다.

여담이지만, 나도 린드버그 안경이 하나 있다. 덴마크 여행을 갔다가, 린드버그의 본고장에 왔으니 하나 사야겠다고 마음먹었다. 그런데 웬걸, 린드버그 안경을 구하기가 한국에서보다 어려웠다. 코펜하겐의 번화가인 스트뢰에Strøget 거리에 있는 안경점 여러 곳을 들러보았지만, 린드버그 안경이 없는 곳이 많았다. 그나마 한 군데에서 찾았는데 한국 백화점이나 면세점보다 진열된 품목이 다양하지 않았다. 브랜드의 원산지보다 한국에서 인기가 많은 것이다.

권력을 지향하는 정치인은 사소한 취향까지 의도를 갖고 대중에게 노출할 것이 분명하다. 표를 얻으려고 대중이 원하는 라이프 스타일을 조작해서 드러낼 수도 있다. 정치인이 보이는 라이프 스타일을 액면 그대로 믿으면 그들에게 속는 것 아니냐고 할 수도 있을 것이다. 하지만 어차피 말도 조작된다. 얼마든지 속마음과 다르게 말할 수 있다. 그래도 라이프 스타일은 말보다 속이기 힘들다. 취향과 라이프 스타일은 하루아침에 만들어지지 않는다. 꾸며낸 생활 습관은 어색해서 금방 들통난다.

우리는 마음이 아니라, 눈으로 보고 투표한다. 귀로 듣기도 하지만 보이는 것에 영향을 더 받는다. 잘생긴 정치인은 표를 모으는 데 유리하다. 외모가 출중한 후보는 그 사람에 대한 부정적인 정보가 나와도 매력 편향이 변하지 않고 유지된다.[3] 라이프 스타일도 개인의 매력 자본이다.

외모뿐 아니라, 라이프 스타일이 매력적인 사람에게 투표하려는 경향이 강해질 것이다. 말로 파악할 수 있는 자질과 능력도 중요하지만 라이프 스타일에 담겨 있는 철학으로도 평가받는 세상이 되었다.

정치를 즐기는 사람에게 권력을 주는 것은 곤란하지 않을까? 이런 사람은 자기만족을 위해 정치하고, 자기만족을 위해 권력을 활용할 테니까. 권력을 쥐어주어도 안전한 사람은 권력을 즐기지 않는 사람이다. "정치와 권력보다 재밌는 일이 세상에는 많다"라고 말하는 사람이 리더로 바람직하지 않을까? "국가밖에 모릅니다. 애국이 취미입니다"라고 말하는 사람보다 퇴근해서 가족과 저녁을 먹고(애국 영웅이 나오는 영화도 좋지만) 로맨틱 코미디 영화를 즐겨 보는 사람이 리더가 되면 권력에만 집착하지 않을 것이다. 잠들기 전까지 보고서만 읽는 것이 아니라 추리소설도 보고 웹툰도 즐기는 사람이 리더가 된다면, 어느 한쪽으로 치우치지 않고 다양한 사람들을 끌어안으려고 더 많이 노력하지 않을까?

포켓몬 Go의 심리학

2016년 7월 출시된 '포켓몬 Go'는 출시 직후부터 위세가 대
단해 단순한 게임이라고 느껴지지 않을 정도였다. 국내에 출
시되기 전(한국 내에서는 지도 문제로 출시되지 않다가 2017년
1월에 출시되었다) 로스앤젤레스에 잠시 들렀을 때 LACMALos
Angeles County Museum of Art에서 하루를 보내게 되었다. 미술관 주변
잔디 공원에서 사람들이 스마트폰에 열중한 채 걷고 있길래 슬
쩍 훔쳐보았더니, (과장이 아니라) 열에 아홉은 포켓몬 Go를 하
고 있었다. LACMA가 유명 관광지다 보니, 포켓몬이 많이 출몰
하는 것 같았다. 선사시대 동물의 화석이 묻혀 있는 타르 피트

191

tar pit 위로 사람들이 포켓몬을 찾겠다고 스마트폰을 들고 돌아다니는 광경을 보니 묘한 기분이 들었다.

도대체 포켓몬 Go가 뭐 그리 대단하길래 이렇게 호들갑인가 싶어, 인터넷도 검색해보고 뉴스도 찾아보았다. 그러다 문득 4~5년 전쯤 초등학생이었던 딸에게 사주었던 책 한 권이 생각났다. 『포켓몬 전국 캐릭터 대도감』! 웬만한 영어 사전보다 두꺼웠다. 세상에 이런 책도 있나 싶었지만, 포켓몬에 열광하던 딸이 포켓몬의 세계를 체계적으로 알고 싶다며 사달라고 하는데 거절할 도리가 없었다.

이 글을 쓰려고 "너 아직도 그 책 가지고 있니?"라고 딸에게 물었다. 이제는 사춘기가 되어 아이돌에 빠져 있으니 진즉에 그 책을 버렸을 거라고 여겼는데……웬걸, 책장 구석에서 주섬주섬 꺼내 촤라락 펼치더니 "와! 마나피. 내가 좋아하던 전설의 캐릭터인데. 우리나라에는 포켓몬 Go가 언제 들어오나, 빨리 해보고 싶다!"고 했다. 포켓몬 Go가 성공한 결정적 비결이 노스탤지어nostalgia를 자극했기 때문이라고 하던데, 틀린 말은 아니라는 것을 체감한 순간이었다.

포켓몬 고는 이미 전 세계적으로 20년 이상 인기를 모은

'포켓몬스터'라는 강력한 콘텐츠를 이용해 스마트폰 사용자들의 향수를 불러일으키고 열광하게 만들었다. 미 소프트웨어 회사 바이럴게인스의 토드 루프버로 대표는 '오랜 기간 포켓몬스터 팬이었던 사람들도 있고, 어렸을 적의 추억을 떠올리게 만들기 때문에 게임을 하는 사람들도 있다'고 말했다.[1]

나처럼 마흔을 훌쩍 넘긴 사람은 해당되지 않겠지만, 20대를 향해 가는 청소년들에게 포켓몬은 노스탤지어를 자극하는 콘텐츠다. 노스탤지어를 향수나 과거에 대한 그리움 정도로 단순하게 생각하면 안 된다. 노스탤지어의 심리적 효과는 예상하는 것보다 훨씬 크다.[2]

사람들에게 과거 경험, 예전에 불렀던 노래, 추억이 담긴 물건을 떠올려보라고 한 뒤 기분 변화를 측정해보면, 나이와 상관없이 긍정적 정서가 커진다. 좋은 추억을 회상하니, 당연한 것 아니냐고 할 수 있다. 하지만 괴로우면서도 달콤했던 기억을 떠올려도 기분은 긍정적으로 바뀐다. 노인이 옛 추억을 이야기하면 삶의 의미를 되찾고 자신감이 증진된다. 어르신들이 지난 이야기를 자꾸 끄집어내는 것은, 속절없이 흐르는 시간 속에서 옛이야기가 기분을 좋게 만드는 데 도움이 되기 때문이다. 추억을 회상하는 것은 효과적인 자기 치유제다.

노스탤지어는 전염성이 강하다. 같은 기억을 공유하는 사람을 불러 모으는 힘이 있다. 그들이 모이면 서로의 노스탤지어를 자극하면서 더 강하게 연결된다. 추억을 공유하면서 다른 사람이 감정적으로 고조되는 모습을 관찰하면 감정은 빠르게 전이된다. 드라마 〈응답하라 1994〉가 2000년대에 대학을 다닌 청년들과 1980년대 학번의 장년층에게 인기를 끌었던 것도 노스탤지어가 불러일으킨 감정이 그들 사이에서 서로 옮아가며 고조되었기 때문이다.

우리나라에서도 포켓몬 Go 같은 게임이 만들어지려면, 노스탤지어를 자극하는 콘텐츠가 필요할 텐데, 그럴 만한 것이 과연 있을까? 포켓몬 Go가 인기를 끌자 '뽀로로 Go'가 나온다는 이야기가 있었다. 과연 뽀로로 Go가 성공할 수 있을까?[3] 뽀로로를 보고 자란 한국 청소년들에게 인기를 끌 수는 있겠지만, 뽀로로에 대한 추억이 전혀 없는 외국 사람들에게는 '이게 뭔가?' 하는 소리나 들을 게 뻔하다. 게다가 뽀로로와 친구들은 합쳐보아야 열 손가락 안에 들 정도로 캐릭터 수가 적지만, 포켓몬스터에는 700가지가 넘는 캐릭터가 있다. 비슷한 것 없이 하나하나 독특하다. 방대하고 개성 넘치는 캐릭터를 만들어 20년이라는 세월 동안 길러냈다. 포켓몬의 뿌리에는 100년 전부터 전해온 일본의 요괴학 자원이 있다고 하니 우리나라에서 아무리 성공한 캐릭터로 게임을 만든다고 해도 이런 역사의 차이를 극복하기란 쉽지 않을 것이다.[4]

누군가는 포켓몬 Go 열풍의 이유를 쉬운 조작법, 옛것에 대한 그리움, 자신감, 탐험, 폭넓고 깊은 사교라고 했다. 내 생각에는 인류의 수렵 · 채집 본성을 일깨우는 게임이기 때문인 것 같다.

포켓몬 이야기의 중심은 지우라는 어린이가 피카추와 함께 최고의 포켓몬 마스터가 되기 위해 여행을 떠나는 것이다. 게이머가 지우가 되어 여행을 떠나고, 스마트폰 카메라로 포켓몬스터를 발견하고, 포켓볼을 던져 몬스터를 포획한다. 이 내러티브는 수렵 · 채집을 하던 원시 조상들의 일상생활과 다르지 않다. 동물 대신 포켓 몬스터를 잡고, 돌이나 화살 대신 포켓볼을 던진다는 것이 다를 뿐이다.

인간에게는 주변 환경을 탐색해 무엇인가를 얻고자 하는 근원적 욕구가 있다. 그것을 포획해서 내 것으로 만들고자 하는 본성은 인간의 DNA에 보존되어 있다. 주변 환경에서 열매와 동물을 찾아 음식으로 섭취할 수 있었던 종種만이 지금껏 살아남을 수 있었다. 이런 관점에서 보면 포켓몬 Go는 인간의 본성을 자극하는 게임이라고 해도 틀리지 않다. 포켓몬 Go를 원시적 욕망과 현대 기술의 결합이라고 불러도 좋을 것이다.

일상에서 벗어나 원더wonder를 갈망하는 인간의 원시적 욕망을 해소해주고 있는지도 모른다. 나만 해도, 매일 정해진 시간에 정해진 곳으로 출근해서 매일 같은 일을 반복하며 산다. 주변에 경탄할 만큼 놀랍고 새로운 무엇인가가 '짜잔' 하고 나타나는 일은 거의 생기지 않는다. 그나마 나쁜 일이 생기지 않으면 다행이다. 이런 삶에서 숨 막혀 하던 차에, 포켓몬 Go가 나타나 세상을 탐색하며 자유롭게 살고 싶은 현대인의 열망을 풀어주고 있는지도 모른다.

"하루에 10분만 산책하세요." 진료할 때 내가 자주 하는 말이다. 아무것도 하기 싫다는 우울증 환자라도 이 정도의 액티

비티activity는 유지했으면 좋겠다는 바람 때문이다. 하지만 이것조차 힘들다는 환자도 많다. 그러면 "하루 종일 잠옷 바람으로 있지 마시고, 집 안에 있더라도 외출복으로 갈아입고 계세요"라고 한다. 이것도 못하겠다면, 아침에 샤워만이라도 하라고 한다. 이마저 못하겠다고 하면 "잠자는 시간 외에는 누워 있지 말고 소파에 앉아 계세요"라고 한다(이렇게 쓰고 보니, 내가 환자들을 참 힘들게 한다는 생각도 든다). 신체 활동 과제physical activity task를 내주는 것이다. 어떻게든 몸을 움직이고, 활동을 시작할 수 있게끔 시동을 걸어주기 위해서다.

'이 정도는 할 수 있겠지'라고 여기며 과제를 잘게 쪼개주어도 실제 임상에서는 먹혀들지 않을 때가 많다. 환자들은 대개 "의욕이 생겨야 하지요"라고 한다. 우울의 악순환에 빠져드는 전형적인 패턴이다.

의욕이 없어도 일단 몸을 움직여야 우울증에서 벗어날 수 있다. 아무것도 하지 않고 의욕이 생기길 기다리면 우울증은 악화된다. 움직이지 않으면, 긍정적 감정을 느낄 수 있는 활동에 참여하지 않게 된다(이것을 회피라고 한다). 활동으로 얻을 수 있는 즐거움과 숙달감mastery feeling을 경험하지 못하니 우울감은 더 깊어진다. 이런 일련의 과정을 일컬어 행동 비활성화의 덫이라고 한다.

반대로 행동 활성화behavioral activation는 즐거움이나 숙달감을 경험할 수 있는 활동에 참여해서 얻게 되는 긍정적 보상으로 우울증에서 벗어나는 것을 말한다.[5] 우울증 치료에서는 행동 활성화가 가장 중요하다. "긍정적인 생각을 해라"고 아무리 말해보아야, 행동이 활성화되지 않으면 우울증에서 벗어날 수 없다.

> 나이앤틱이 게임을 만들 때 고민했던 원칙이 있습니다.…… 게임을 하려면 움직여야 한다는 것이었습니다. 우리 아이들이 날씨가 화창한 날에도 온종일 집에 앉아 게임하는 것은 보고 싶지 않아요. 게임 속 인센티브를 활용해서 더 많이 외출하고 운동량을 늘리게 하고 싶었어요.[6]

포켓몬 Go는 행동 활성화 치료제라고 할 수 있다. 어두컴컴한 피시방이나 집 의자에 사람을 붙잡아놓는 다른 게임과 달리 포켓몬 Go를 하려면 집 밖으로 나가야 한다. "햇빛을 보고 10분만 걸으세요"라고 의사가 아무리 조언해도 따르지 않던 사람도 포켓몬을 잡으려면 야외로 나가야 한다. 포켓몬을 훈련시키고,

포켓몬 알을 부화시키려면 10분이 아니라, 1시간이고 2시간이고 걷고 뛰어야 한다.

"재미없어", "관심 없어"라며 회피하던 사람도, 관광 명소에 포켓몬이 있다고 하면 그곳을 찾아가게 된다. 주의를 확장하고 세상을 체험하며 사람을 만나서 교류해야 한다. 이 과정에서 긍정적 보상 경험을 하면 활력이 생긴다.

그렇다면 포켓몬 Go가 은둔 생활을 하는 히키코모리도 집 밖으로 끌어낼 수 있지 않을까? 지금까지 연구 결과를 보면, 인터넷 사용 시간이 길어지는 것에 비례해서 외로움이 더 커진다. 이를 '인터넷 패러독스'라고 부른다. 포켓몬 Go는 이런 현상을 넘어설 수 있을 것 같다. 몸을 써서 현실을 탐색하게 만드는 게임이기 때문이다. 사회공포증이나 우울증에 시달리던 사람들이 포켓몬 Go를 하면서 야외 활동과 대인 관계가 늘어났다는 글을 보면 이것이 헛된 바람은 아닌 것 같다.

트렌드에 민감한 의사들은 포켓몬 Go를 치료에 활용했다. 미국 미시간주에 있는 모트 아동 병원Mott children's hospital에서는 입원 중인 아이들이 원내에서 포켓몬 Go를 시작하면서 활기찬 표정으로 돌아다니고 다른 아이들과 더욱 가까워졌다고 한다.[7] 호주에서는 자폐아 교육용 도구로 활용했는데, 바깥에 나서기

두려워하던 자폐 학생들이 포켓몬을 잡기 위해 자연스럽게 밖으로 나갈 수 있게 되었다.[8]

몸의 감각에서 비롯된 체험 없이 행복할 수는 없다. 행복하다는 느낌에는 체감이 동반되어야 한다. 의욕이 없어서, 사람이 무서워서 현실을 회피해왔더라도, 포켓몬 Go의 세계에서는 몸을 움직여 체육관에 가야 하고, 포켓 스톱에 직접 가야 아이템을 얻을 수 있다. 이것이 포켓몬 Go의 차별 점이고, 치료적인 이유일 것이다.

주

part1 솔직히, 돈은 중요하다

돈으로 행복을 사다

1 Jonathan Gardner et al., 「Money and mental wellbeing: A longitudinal study of medium-sized lottery wins」, 『Journal of Health Economics』 26(2017), pp.49~60.
2 Jon Clifton, 「The Happiest and Unhappiest Countries in the World」, 『Gallup News』, March 20, 2017.
3 Daniel Kahneman et al., 「High income improves evaluation of life but not emotional well-being」, 『Proceedings of the National Academy of Sciences of the United States of America』 107(2010).
4 박병률, 「소득 따라 '행복도' 오르지만 일정 수준 되면 정체·하락」, 『경향신문』, 2017년 10월 11일.
5 이순원, 「돈만 많으면 행복할 사람들」, 『한국경제』, 2017년 7월 16일.
6 Kostadin Kushlev et al., 「Higher Income Is Associated With Less Daily Sadness but not More Daily Happiness」, 『Social Psychological and Personality Science』 6(2015), pp.483~489.
7 노진호, 「김생민의 스튜핏, 탕진잼을 눌렀다」, 『중앙일보』, 2017년 10월 13일.

나답게 돈 쓰며 살기

1 김선희, 「소확행小確幸과 비트코인」, 『경인일보』, 2018년 1월 19일.
2 Travis J. Carter · Thomas Gilovich, 「The Relative Relativity of Material and Experiential Purchases」, 『Journal of Personalityand Social Psychology』 98(1), 2010, pp.146~159; Ryan T. Howell · Graham Hill, 「The mediators of experiential purchases: Determining the impact of psychological needs satisfaction and social comparison」, 『The Journal of Positive Psychology』 4(2009), pp.511~522; Leaf Van Boven · Thomas Gilovich, 「To Do or to Have? That Is the Question」, 『Journal of Personality and Social Psychology』 85(2003), pp.1193~1202.

3 Elizabeth W. Dunn · Lara B. Aknin · Michael I. Norton, 「Spending Money on Others Promotes Happiness」, 『Science』 319(5870), 2008, pp.1687~1688.

4 Leif D. Nelson · Tom Meyvis, 「Interrupted Consumption: Disrupting Adaptation to Hedonic Experiences」, 『Journal of Marketing Research』 45(2008), pp.654~664.

5 Sandra C. Matz · Joe J. Gladstone · David Stillwell, 「Money Buys Happiness When Spending Fits Our Personality」, 『Psychological Science』 27(5), 2016, pp.715~725.

등록금과 정신 건강

1 알랭 드 보통, 최민우 옮김, 『뉴스의 시대』(문학동네, 2014), 13쪽.

2 Aisha Gani, 「Tuition fees 'have led to surge in students seeking counselling'」, 『The Guardian』, 13 March 2016(http://www. theguardian.com/education/2016/mar/13/tuition-fees-have-led-to-surge-in-students-seeking-counselling).

3 Carlos Nordt · Ingeborg Warnke · Erich Seifritz · Wolfram Kawohl, 「Modelling suicide and unemployment: a longitudinal analysis covering 63 countries, 2000–11」, 『Lancet』2(3), 2015, pp.239~245.

4 이화연, 「"대학생 절반 우울증"…정신 건강 상태 심각」, 『KBS』, 2013년 7월 26일(http://news.kbs.co.kr/news/view.do?ref=A&ncd=2697558).

5 정성희, 「포퓰리즘으로 흘러가는 반값 등록금」, 『동아일보』, 2011년 6월 8일.

순수한 선물은 없다

1 최선, 「김영란법에 몸 사리는 개원가…'외래 교수'마저 반납」, 『메디칼타임즈』, 2016년 9월 2일.

2 이진석, 「[정동칼럼] 김영란법과 새치기 진료」, 『경향신문』, 2016년 8월 28일.

3 댄 애리얼리, 이경식 옮김, 『거짓말하는 착한 사람들』(청림출판, 2012).

4 댄 애리얼리, 앞의 책.

5 자크 데리다, 『주어진 시간』; 강신주, 『상처받지 않을 권리』(프로네시스, 2009)에서 재인용.

part2 왜 인간관계는 쉽지 않을까?

혼자라서 외로운 게 아니다

1 김민지 · 김이향, 「쉴 새 없는 공부 스케줄에도 문득 찾아오는 외로움과 공허…어른이 되면 다 채워질까요」, 『경향신문』, 2017년 6월 9일.

2 John T. Cacioppo et al., 「Loneliness as a specific risk factor for depressive symptoms: Cross-sectional and longitudinal analyses」, 『Psychology and Aging』 21(2006), pp.140~151.

3 Carla M. Perissinotto et al., 「Loneliness in Older Persons: A Predictor of Functional Decline and Death」, 『Archives of Internal Medicine』 172(2012), pp.1078~1084.

4 Timothy Matthews et al., 「Social isolation, loneliness and depression in young adulthood: a behavioural genetic analysis」, 『Social Psychiatry and Psychiatric Epidemiology』 51(2016), pp.339~348.

5 정유진, 「각자 스스로를 지켜야 하는 '혼밥'의 시대」, 『경향신문』, 2017년 5월 9일.

6 이지현, 「정도언 교수 "혼밥·혼술은 성숙의 증거…외로움 조절이 숙제"」, 『한국경제』, 2016년 11월 15일.

7 Roy F. Baumeister et al., 「Effects of social exclusion on cognitive processes: Anticipated aloneness reduces intelligent thought」, 『Journal of Personality and Social Psychology』83(2002), pp.817~827.

연기라도 좋으니 눈물을 보여다오

1 김수혜, 「울고 싶은 일본 아저씨 '루이카쓰涙活'로 마음 달랜다」, 『조선일보』, 2016년 9월 7일.

2 Erika Rosenberg, 「Obama's Tears」(https://www.psychologytoday.com/blog/about-face/ 201601/obamas-tears).

3 〈The President Announces Commonsense Steps to Keep Guns Out of the Wrong Hands〉(https: //www.youtube.com/watch?v=pj_3M_RvKVY).

4 Shani Gelstein · Yaara Yeshurun · Liron Rozenkrantz · Sagit Shushan · Idan Frumin · Yehudah Roth · Noam Sobel, 「Human Tears Contain a Chemosignal」, 『Science』(2011), Vol.331, Issue 6014, pp.226~230.

5 김동영·김병수, 『당신이라는 안정제』(달, 2015).

6 알랭 드 보통, 최민우 옮김, 『뉴스의 시대』(문학동네, 2014).

졸혼을 못 하는 이유

1 강인선, 「[만물상] '졸혼卒婚'」, 『조선일보』, 2016년 5월 12일.

2 김경철, 「[한일 동병상련 연구] 행복한 노후를 위한 이별방정식」, 『월간중앙』, 2017년 4월.

3 김정운, 「추천의 글: '따로 또 같이' 다른 대안은 없다!」; 스기야마 유미코, 장은주 옮김, 『졸혼 시대』(더퀘스트, 2017).

왜 나쁜 관계를 끝내지 못할까?

1 「알코올 중독 남편 치료용 몽둥이 나눠준 인도 장관, 가끔은 매가 답일 때도…」, 『조선일보』, 2017년 5월 6일.

2 김종윤, 「지도자가 아니라 동반자를 선택하는 날」, 『중앙일보』, 2017년 5월 8일.

part3 이 어지러운 세상에서 살아가려면

예술인가, 흉물인가

1 Roger Ulrich, 「View through a window may influence recovery from surgery」, 『Science』 224(1984), pp.420~422.

2 Roger Ulrich et al., 「The Role of the Physical Environment in the Hospital of the 21st Century: A Once-in-A-Lifetime Opportunity」, The Center for Health Design, 2004.

3 John H. Falk et al., 「Evolutionary Influence on Human Landscape Preference」, 『Environment and Behavior』 42(2010), pp.479~493.

4 Russ Parsons · Terry Hartig, 「Environmental psychophysiology」 in John T. Cacioppo · Louis G. Tassinary, 『Handbook of Psychophysiology』(Cambridge University Press, 2000), pp.815~846.

5 남은주, 「'예술이냐, 흉물이냐' 논란 부른 서울로 '슈즈 트리'」, 『한겨레』, 2017년 5월 17일.

6 최범, 「〈슈즈 트리〉 위반의 미학」, 『허핑턴포스트코리아』, 2017년 5월 29일.

7 신정선, 「"시민도 예술 볼 줄 안다"」, 『조선일보』, 2017년 5월 30일.

8 김병수, 『사모님 우울증』(문학동네, 2013).

9 알랭 드 보통, 정영목 옮김, 『행복의 건축』(이레, 2007).

10 진중권, 「흉물이냐 명물이냐」, 『매일신문』, 2017년 6월 1일.

자살은 전염된다

1 온라인뉴스부, 「김현철 정신과 의사, 종현 유서 속 주치의에 분노…"누구냐, 동료로 인정 못해"」, 『서울신문』, 2017년 12월 19일.

2 King-wa Fu · Paul S. F. Yip, 「Estimating the risk for suicidefollowing the suicide deaths of 3 Asian entertainment celebrities: A meta-analytic approach」, 『Journal of Clinical Psychiatry』 70(6), 2009, pp.869~878.

3 최정아, 「'우울증' 종현 사망 후 '베르테르 효과' 우려↑…실제 모방 자살 급증」, 『동아일보』, 2017년 12월 19일.

4 Madelyn S. Gould · David Shaffer, 「The impact of suicide in televisionmovies: evidence of imitation」, 『New England Journal of

Medicine』 315(11), 1986, pp.690~694.

5 Graham Martin · Lisa Koo, 「Celebrity suicide: Did the death of Kurt Cobain influence young suicides in Australia?」, 『Archives of Suicide Research』 3(3), 1997, pp.187~198.

6 이광효, 「고 샤이니 종현 발인, 여성팬 자살 기도 "종현 오빠 따라갈 거야"…베르테르 효과 현실화」, 『아주경제』, 2017년 12월 21일.

7 Sol Blumenthal · Lawrence Bergner, 「Suicide and newspapers: a replicated study」, 『American Journal of Psychiatry』 130(4), 1973, pp.468~471.

가짜 뉴스에 속고 싶은 마음

1 이유진 · 허진무, 「불신 사회, 가짜 뉴스에 낚이다」, 『경향신문』, 2017년 2월 24일.

2 이충환, 「'페이크뉴스fake news'라는 괴물」, 『경인일보』, 2017년 2월 15일.

3 George E. Marcus · Michael MacKuen · W. Russell Neuman, 「Parsimony and Complexity: Developing and Testing Theories of Affective Intelligence」, 『Political Psychology』 32(2011), pp.323~336.

4 Brian E. Weeks, 「Emotions, Partisanship, and Misperceptions: How Anger and Anxiety Moderate the Effect of Partisan Bias on Susceptibility to Political Misinformation」, 『Journal of Communication』 65(2015), pp.699~719.

5 권오성, 「'좋아요'의 함정…가짜 뉴스 권하는 SNS」, 『한겨레』, 2017년 3월 6일.

6 댄 애리얼리, 이경식 옮김, 『거짓말하는 착한 사람들』(청림출판, 2012).

말할 수 없는 것에 대해 침묵하기

1 조건희 · 김윤종, 「전문가들이 본 박 대통령 심리상태 "의지했던 측근들 사라져 충격 클것"」, 『동아일보』, 2016년 11월 2일.

2 문세영, 「대통령은 왜 '무당'에 발목 잡힌 것일까?」, 『코메디닷컴』, 2016년 11월 2일.

3 김성찬, 「박 대통령과 '심리적 성숙'」, 『경향신문』, 2016년 11월 1일.

4 Jonathan R. T. Davidson · Kathryn M. Connor · Marvin Swartz, 「Mental Illness In U.S. Presidents Between 1776 and 1974. A Review of Biographical Sources」, 『J Ner Ment Dis』 194(2006), pp.47~51.

5 박제균, 「대통령의 길, 박근혜의 길」, 『동아일보』, 2016년 11월 3일.

6 나시르 가에미, 정주연 옮김, 『광기의 리더십』(학고재, 2012).

7 이병욱, 『정신분석을 통해 본 욕망과 환상의 세계』(학지사, 2012).

고요도 돈으로 사야 하는 세상
1 배철현, 「[수련, 배철현의 아침묵상] 6. 소리」, 『아주경제』, 2017년 7월 9일.
2 Alex Gray, 「These are the cities with the worst noise pollution」, World Economic Forum, 27 March 2017.
3 최성구, 「방학이 싫은 아이들」, 『국민일보』, 2017년 7월 2일.
4 막스 피카르트, 최승자 옮김, 『침묵의 세계』(까치, 2010).

part4 아침부터 저녁까지, 내 주변의 심리학

커피의 힘
1 이남의, 「1인당 377잔…'검은음료'에 빠져들다」, 『머니S』, 2017년 10월 2일.
2 APA, 권준수 옮김, 『정신질환의 진단 및 통계편람』(학지사, 2015).
3 Michel Lucas et al., 「Coffee, Caffeine, and Risk of Depression Among Women」, 『Arch Intern Med』 171(2011), pp.1571~1578.
4 Longfei Wang et al., 「Coffee and caffeine consumption and depression: A meta-analysis of observational studies」, 『Australian & New Zealand Journal of Psychiatry』 50(2016), pp.228~242.
5 Michel Lucas et al., 「Coffee, caffeine, and risk of completed suicide: Results from three prospective cohorts of American adults」, 『The World Journal of Biological Psychiatry』 15(2014), pp.377~386.
6 Antti Tanskanen, 「Heavy coffee drinking and the risk of suicide」, 『European Journal of Epidemiology』 16(2000), pp.789~791.
7 Lars Kuchinke et al., 「Caffeine Improves Left Hemisphere Processing of Positive Words」, 『Plos one』, November 7, 2012(https://doi.org/10.1371/journal.pone.0048487).
8 박영순, 『커피인문학』(인물과사상사, 2017).
9 사이토 다카시, 홍성민 옮김, 『세계사를 움직이는 다섯 가지 힘』(뜨인돌, 2009).

언어폭력은 살인이다
1 정관묵 · 문승현, 「눈 감던 학교폭력…서서히 눈뜨는 아이들」, 『금강일보』, 2017년 7월 10일.
2 Martin H. Teicher et al., 「Hurtful Words: Exposure to Peer Verbal Aggression is Associated with Elevated Psychiatric Symptom Scores and Corpus Callosum Abnormalities」, 『The American Journal of Psychiatry』 167(2010), pp.1464~1471.
3 Akemi Tomoda et al., 「Exposure to parental verbal abuse is associated with increased gray matter volume in superior temporal

gyrus」, 『Neuroimage』 54(2011), pp.280~286.

4 박효목, 「상사 폭언에 자살한 검사 '순직' 인정」, 『문화일보』, 2016년 10월 6일.

5 Anna Nyberg et al., 「Managerial leadership and ischaemic heart disease among employees: the Swedish WOLF study」, 『Occupational and Environmental Medicine』 26(2009), pp.51~55.

6 Jaana Kuoppala et al., 「Leadership, job well-being, and health effects-a systematic review and a meta-analysis」, 『Journal of Occupational and Environmental Medicine』 50(2008), pp.904~915.

7 천금주, 「"빵총장에서 갑질총장으로⋯" 건양대 김희수 총장의 이면 '충격'」, 『국민일보』, 2017년 8월 30일.

라이프 스타일에 투표하라

1 이인숙, 「오바마의 라스트 크리스마스 휴가⋯딸들과 '방탈출' 게임」, 『경향신문』, 2016년 12월 26일.

2 최고야, 「'문재인 안경'이 뭐길래」, 『동아일보』, 2017년 2월 4일.

3 William Hart · Victor C. Ottati · Nathaniel D. Krumdick, 「Physical attractiveness and candidate evaluation: a model of correction」, 『Political Psychology』 32(2011), pp.181~203.

포켓몬 Go의 심리학

1 박정현, 「추억의 캐릭터가 증강현실 세계로 데려다 줬다⋯시민들이 자발적으로 모임 만들어 밖으로 밖으로」, 『조선일보』, 2016년 7월 24일.

2 Constantine Sedikides · Tim Wildschut · Jamie Arndt · Clay Routledge, 「Nostalgia: past, present, and future」, 『Current Directions in Psychological Science』 17(2008), pp.304~307.

3 최은경, 「'포켓몬 고' 잘 되니 이번엔 '뽀로로 고'」, 『중앙일보』, 2016년 7월 19일.

4 박승혁, 「포켓몬 신화 뒤엔⋯일본의 100년 요괴학」, 『조선일보』, 2016년 7월 28일.

5 크리스토퍼 R. 마텔 외, 김병수 · 서호준 옮김, 『우울증의 행동활성화 치료』(학지사, 2012).

6 박정현, 「"지구 전체가 커다란 게임판" 대담한 발상⋯게임과 현실 경계 무너뜨린 개척 정신⋯'증강현실 신세계' 열다」, 『조선일보』, 2016년 7월 24일.

7 「포켓몬 Go의 순기능⋯재활치료에 적극 활용」, 『매일신문』, 2016년 7월 22일.

8 Rachael Pells, 「Pokemon Go used in classrooms to help autistic children」, 『The Independent』, July 19, 2016.

이상한 나라의 심리학

ⓒ 김병수, 2019

초판 1쇄 2019년 5월 13일 찍음
초판 1쇄 2019년 5월 20일 펴냄

지은이 | 김병수
펴낸이 | 강준우
기획·편집 | 박상문, 김소현, 박효주, 김환표
디자인 | 최원영
마케팅 | 이태준
관리 | 최수향
인쇄·제본 | 대정인쇄공사

펴낸곳 | 인물과사상사
출판등록 | 제17-204호 1998년 3월 11일

주소 | 04037 서울시 마포구 양화로7길 4(서교동) 2층
전화 | 02-325-6364
팩스 | 02-474-1413

www.inmul.co.kr | insa@inmul.co.kr

ISBN 978-89-5906-522-6 03180

값 13,500원

이 도서의 국립중앙도서관 출판예정도서목록(CIP)은 서지정보유통지원시스템 홈페이지
(http://seoji.nl.go.kr)와 국가자료공동목록시스템(http://www.nl.go.kr/kolisnet)에서
이용하실 수 있습니다. (CIP제어번호: CIP2019017866)